ミネルヴァ日本評伝選

軍事に通じ甚だ機敏

龍造寺隆信

中村知裕著

ミネルヴァ書房

刊行の趣意

「学問は歴史に極まり候ことに候」とは、先哲荻生徂徠のことばである。歴史のなかにこそ人間の智恵は宿されている。人間の愚かさもそこにはあらわだ。この歴史を探り、歴史に学んでこそ、人間はようやくみずからの正体を知り、いくらかは賢くなることができる。新しい勇気を得て未来に向かうことができる。徂徠はそう言いたかったのだろう。

「ミネルヴァ日本評伝選」は、私たちの直接の先人について、この人間知を学びなおそうという試みである。日本列島の過去に生きた人々の言行を、深く、くわしく探って、そこに現代への批判を聴きとろうとする試みである。日本人ばかりではない。列島の歴史にかかわった多くの異国の人々の声にも耳を傾けよう。

先人たちの書き残した文章をそのひだにまで立ち入って読み、彼らの旅した跡をたどりなおし、彼らのなしとげた事業を広い文脈のなかで注意深く観察しなおす――そのとき、はじめて先人たちはいまの私たちのかたわらによみがえってくる。彼らのなまの声で歴史の智恵を、また人間であることのよろこびと苦しみを、私たちに伝えてくれもするだろう。

この「評伝選」のつらなりのなかから、列島の歴史はおのずからその複雑さと奥ゆきの深さをもって浮かび上がってくるはずだ。これを読むとき、私たちのなかに新たな自信と勇気が湧いてきて、その矜持と勇気をもって「グローバリゼーション」の世紀に立ち向かってゆくことができる――そのような「ミネルヴァ日本評伝選」にしたいと、私たちは願っている。

平成十五年（二〇〇三）九月

上横手雅敬
芳賀　徹

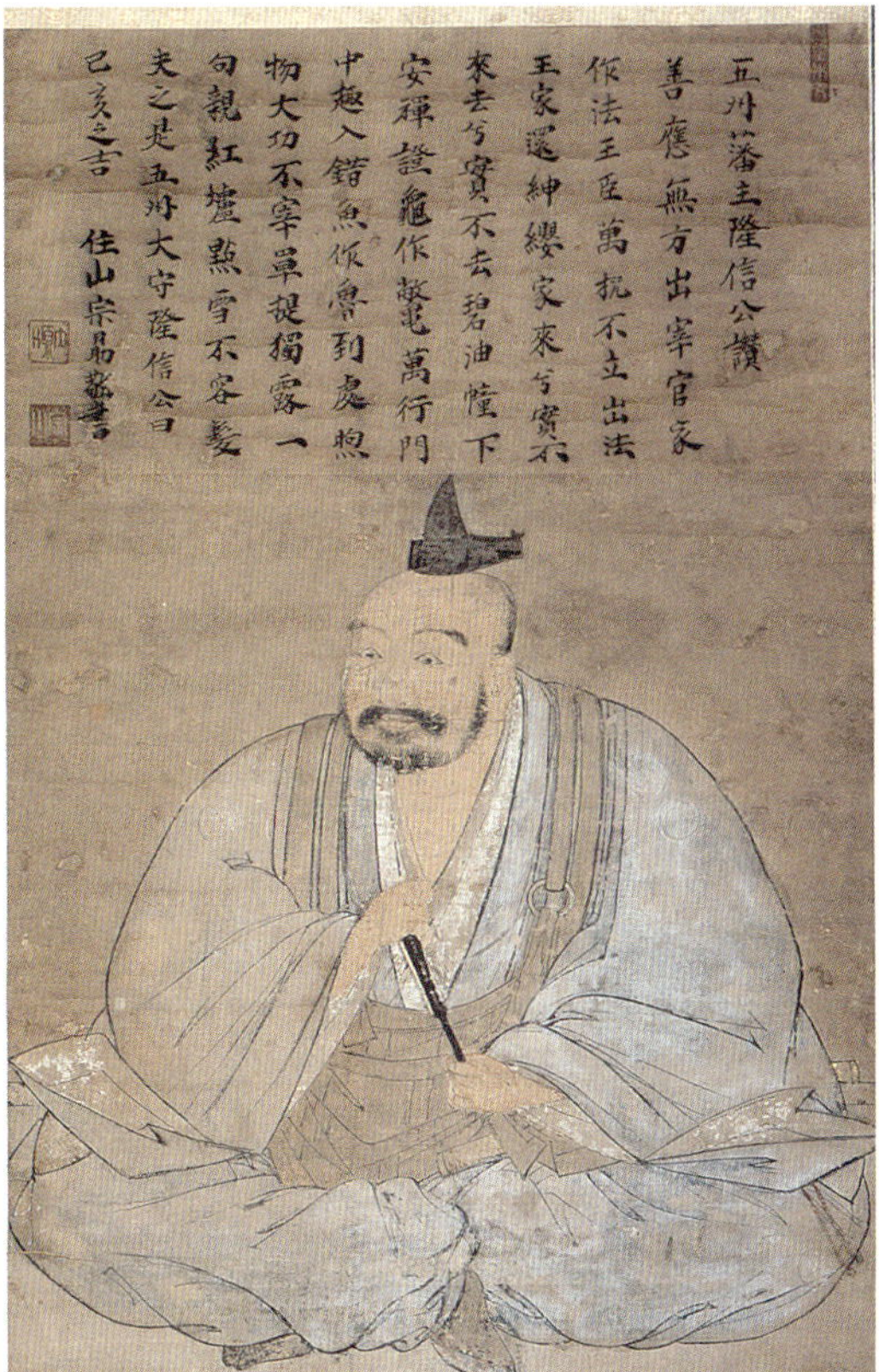

龍造寺隆信

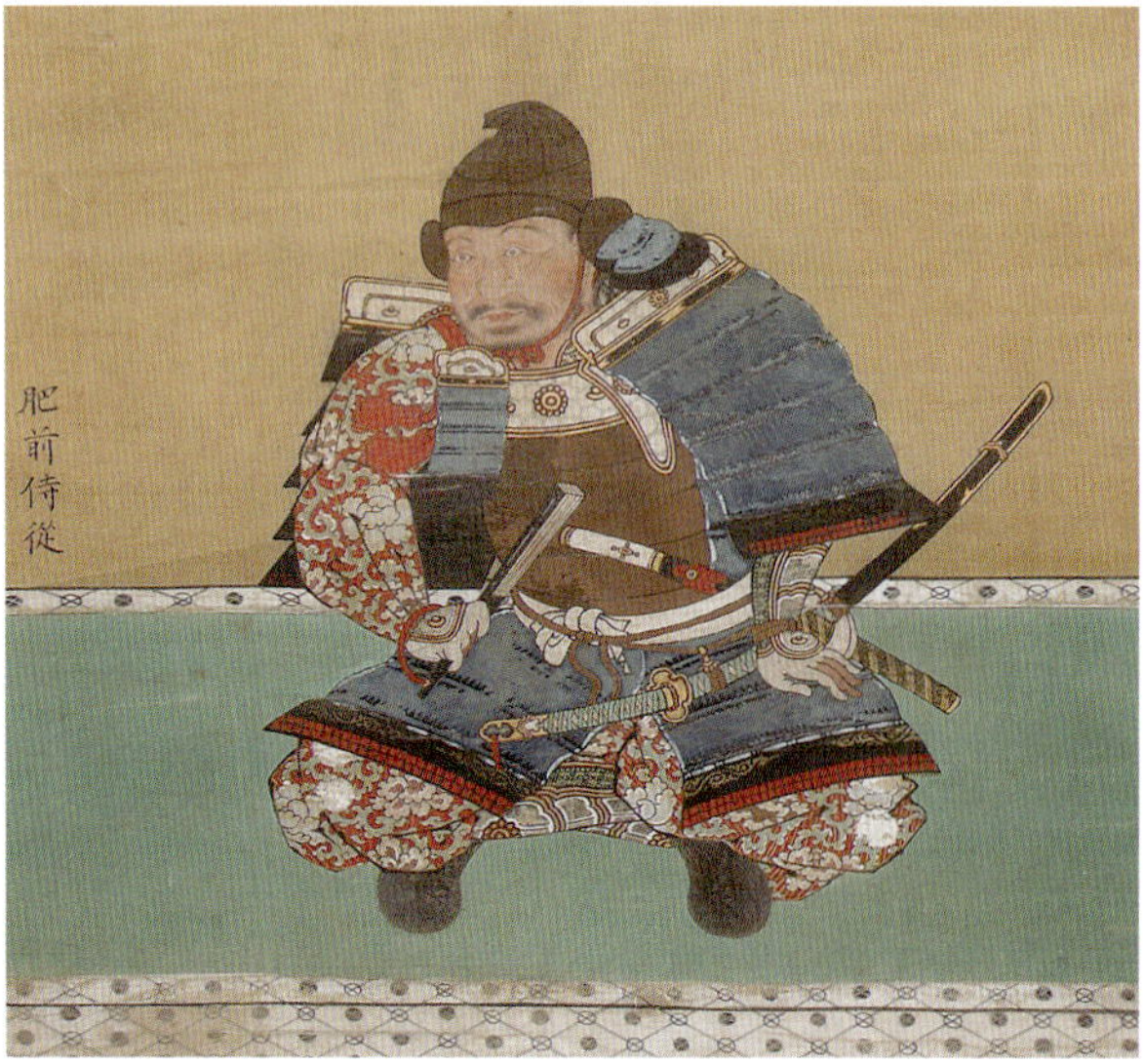

鎧姿の龍造寺隆信

はしがき

本書の目的は、現在の佐賀市を拠点に戦国期の肥前国およびその周辺国に勢力を誇った龍造寺隆信の生涯を明らかにすることにある。

隆信は、肥前の一国衆にすぎなかったが九州の巨大勢力である大友氏と対峙して肥前から排除し、さらに周辺の国衆を次々と従えることによって、一代で肥前を代表する地域権力にのし上がったことがよく知られている。

のし上がる過程で親族の多くが少弐氏によって討たれ、隆信は龍造寺家の内紛に巻き込まれて一時的に本拠地を逐《お》われている。さらに、大友氏の大軍によって居城を包囲されるなど、絶体絶命の事態に幾度も見舞われている。しかし、度重なる危機も、重臣・一族のサポート、もしくは隆信自身の機知により克服して奇跡的な逆転劇を果たしている。

すなわち、隆信の生涯は、まるで創作物語に見られるような予想外な展開の中に、波瀾万丈な側面を持ち合わせているのである。そのため、現代においても代表的な戦国大名の一人として、さまざまに取り上げられるのである。

しかしながら、隆信の事蹟は、あくまで隆信の死後に編纂物をもとに描かれている。したがって、根拠のない伝承がさも事実であるかのように書かれており、隆信の本当の姿を明らかにしているとは言い難い。隆信は、いわば「歴史上よく知られているようにみえて、実際にはよくわからない人物」であると断定してよい。

こうした隆信像を克服するためには、初心に立ち返って隆信に関する事蹟を拾い上げる作業が必要である。具体的には、まず龍造寺氏に関する研究史を整理して、問題点を改めて洗い出す作業を要する。これと同時に、隆信に関する確かな史料を網羅的に集めて、整理しなければならない。具体的には二次史料たる近世の編纂物に頼ることなく、一次史料たる存命期に発給された文書《もんじょ》に即した考察をすることが肝要である。その際、隆信関係の文書の大半は無年号であるために、正確な年次比定をさまざまな視点から行わなければならないであろう。

このような作業を積み重ねることにより、隆信の実像を描き出すことが期待できる。そしてこれまでの定説がくつがえることもありえよう。そのため本書の内容に読者が困惑することがあるかもしれない。

また、本書ではいかにして隆信が一代で勢力拡大を成し遂げたのか、その要因を探るために、時代を遡って考察する。考察の過程では、隆信の曾祖父であり、龍造寺氏興隆の祖として知られる家兼（剛忠）の動向についても考察する必要がある。

家兼を考察することによって、隆信が肥前において台頭することができた前提が見出せるものと思われる。このため、隆信登場までにも紙幅を割くこととなる点をお断りしておきたい。

龍造寺隆信——軍事に通じ甚だ機敏　目次

はしがき

図版一覧

序章　龍造寺隆信研究の現状と課題

1　龍造寺隆信のイメージ

本書で取り上げる龍造寺隆信を語る前提として、まず肖像画に描かれた特徴的な容姿について触れなければならない。

龍造寺隆信の肖像画

歴史上の人物の肖像画は、端正な顔立ちをして内に秘めたる闘志を巧みに写し出す絵が多い。これに対して、隆信の肖像画は現在まで一〇種類が伝わっているものの、その容姿はよくある歴史上の人物とは大きくかけ離れており、お世辞にも容姿端麗とは言い難い。むしろでっぷりとした肥満体であり、顔も大きめに描かれている。

隆信の容姿について触れた史料は少ないが、唯一残るイエズス会宣教師の記録では、島原合戦において、馬に乗ることなく駕籠に乗って戦闘を指揮していたと記すなど、肥満体であるかのような記述がみえる（一五八四年八月三一日付ルイス・フロイスの書簡『イエズス会士日本年報』上巻）。

隆信の肖像画で最も古いものは、没後すぐに描かれたとされる宗龍寺旧蔵の一六世紀のものである（口絵1頁）。この肖像画の隆信は豪傑然とした雰囲気を漂わせているものの、やはり肥満体型である。隆信の肖像画を分析した福井尚寿はこの肖像画を、丸顔に顎髭と口髭を生やし、眼光も鋭く描かれるなど勇猛剛気な武将で、かつ大紋《だいもん》姿に袈裟《けさ》をかけるなど半僧半俗の肖像であると紹介している。

肥満体型で大きな丸顔のためか、鋭い眼光ではありながら、どこか笑顔をたたえているようにもみえる。

福井が分析するように隆信の肖像画は、宗龍寺旧蔵と同じく①烏帽子に大紋姿のもの（宗龍寺・鍋島報效会蔵・佐賀県立博物館蔵）のほか、②鎧姿のもの（宗龍寺・高伝寺蔵・佐賀県立博物館蔵）（口絵2頁）、③頭巾を被ったもの（佐賀県立博物館蔵・鍋島報效会蔵・威徳寺蔵）の大きく三つに分類される。それぞれの詳細について論じることは本書では避けるが、福井によると、②・③の肖像画はいずれも①の宗龍寺旧蔵の肖像画から派生したとしている。

その後、昭和の初め頃には絵はがきとして龍造寺隆信の絵が登場する。絵はがきの肖像画は髪を剃った法体《ほったい》姿であるが、肥満体・髭面、そして大紋姿に袈裟懸けといった特徴は、それまでに描かれた隆信の肖像を忠実に受け継いでいる。

このように、隆信の肖像画が多く残ったことにより、現在の私たちは隆信についてよく知らなくても、その特徴的な容姿をすぐに思い浮かべることができる。肖像画は剛毅果断、かつおおらかなイメージを彷彿とさせる要因の一つになったと思われる。

龍造寺隆信に関する伝承

隆信は、国衆の立場から肥前を席巻するまでに勢力を拡大した権力として捉えられている。

勢力拡大の過程では「はしがき」でも述べたように、多くの苦難に見舞われたものの、その度に逆転劇を果たした人物として知られている。

他方では、残虐な一面を持ち合わせる人物ともされている。具体的には筑後に侵攻した際、柳川城主である蒲池《かまち》鑑並《しげなみ》をだまし討ちにして、一族を攻め滅ぼしたことがよく知られている。また、晩年は酒色におぼれ家臣団の讒言にも耳を貸さなかったという逸話、島原合戦においては無理な突撃を繰り返し多くの将兵を死に至らしめたという話も残されている。

ただ、これらのイメージや逸話は既述したように、いずれも近世の編纂物によって示されたものであり、伝承の域を超えているとは言い難い。したがって、ここに示した隆信に関するイメージや逸話が、実際はどうだったのか、十分に検証されないまま現在に至っているといっても過言ではない。

そこで本書は、隆信に関する伝承はどのような状況をもとに生み出されたのかを解明することも重要な課題の一つになる。考察の結果次第では、今までとはまったく違った隆信の姿が見出せるかもしれない。

絵はがきに描かれた龍造寺隆信

2　龍造寺氏研究の問題点

これまで近世の編纂物で述べられることは多かった隆信だが、実像はなぜ明らかにされなかったのであろうか。その背景はさまざまあろうが、まず挙げられることは、龍造寺氏に関する研究が戦国期の権力に関する研究の中でも決定的に少ないことにある。

研究の現状

先述したように、戦国期の九州は一般的に大友氏・島津氏・龍造寺氏が抗争する状態とされている。このうち大友氏と島津氏に関する研究はさまざまな視点から数多く積み重ねられているが、それと比較すると龍造寺氏に関する研究は圧倒的に乏しいといわざるをえない。

一例として、戦国期九州の権力に関する研究水準を総括したシリーズに島津氏（新名一仁編『薩摩島津氏』）と大友氏（八木直樹編『豊後大友氏』）は含まれるが、龍造寺氏は含まれていない。

また評伝に関しては、外山幹夫が一九七〇年代に、鹿毛敏夫は二〇一〇年代に、それぞれの時代の研究水準も踏まえた上で大友宗麟の評伝を著すなど、大友氏の全盛期を築いた宗麟の実像を見事に描いている。

島津氏に関しても近年、新名一仁が『島津貴久』（戎光祥出版、二〇一七年）、『「不屈の両殿」島津義久・義弘――関ケ原後も生き抜いた才智と武勇』（角川新書、二〇二一年）を著すなど、島津貴久とその子義久・義弘の評伝が書かれている。

これに対して、龍造寺隆信に関しては、今から約六〇年前に一冊の評伝が刊行されているにすぎない。昭和四二年（一九六七）に川副博が人物往来社から日本の武将シリーズの一環として刊行した『日本の武将四五　龍造寺隆信』である。

この書は隆信唯一の評伝として評価されていたものの、絶版となり長らく入手困難な状態であった。そのため、二〇〇六年（平成一八）に子息の川副義敦が加筆・修正を加えて、『五州二島の太守――龍造寺隆信』と改題して、佐賀新聞社から刊行している。この書も評判で増刷を重ねている。川副義敦は二〇一八年（平成三〇）にも『戦国の肥前と龍造寺隆信』を刊行しているが、その内容は『五州二島の太守』とほとんど同じであり、父の研究を超えて、新たな龍造寺氏研究の新視点を見出したとは言い難い。

したがって、現在に至る隆信のイメージは川副博の書をもとに形成されたと考えられる。しかも、川副博・義敦は論述の根拠として戦国期の古文書を用いる場合があるものの、龍造寺氏の基本的動向は『歴代鎮西要略』『肥陽軍記』『鍋島直茂譜考補』『九州治乱記』といった近世の編纂物をもとに記述している。そのため、隆信の実像を明らかにしているとは言い難いのである。それに対し本書では戦国期の古文書・古記録を一次史料と名付けて話を進める。

研究の展開

次に龍造寺氏の研究史を振り返っていこう。

龍造寺氏研究の出発点は、右に挙げた川副博『龍造寺隆信』であるが、この研究書がその後における龍造寺氏研究に及ぼした影響は大きい。すなわち、近世の編纂物が龍造寺氏を語る上での基本史料として位置づけられたのである。

一九七〇年代から八〇年代にかけて、「佐賀藩の総合研究」と題して戦国期から幕末期の佐賀藩を総括する動きがみられ、その研究成果は藤野保編『佐賀藩の総合研究』（吉川弘文館、一九八一年）、藤野保編『続佐賀藩の総合研究』（吉川弘文館、一九八七年）として刊行された。この二冊で、佐賀藩成立の前提となる龍造寺氏の領国支配について、編者の藤野保を中心に研究が進められた。同じ頃、加藤章も龍造寺氏の支配体制下の知行形態について考察した（加藤章「竜造寺体制の展開と知行構造の変質」）。藤野・加藤は肥前国内外の国衆との関係を交えて龍造寺氏の知行制と支配体制を明らかにするなど、龍造寺氏の研究の基礎を構築したとされる。

しかしながら、根拠となる史料に関して、「龍造寺家文書」「田尻家文書」などの一次史料も多く使用しているものの、隆信をはじめとする龍造寺氏の動向については『九州治乱記』（別名『北肥戦誌』）『鍋島直茂公譜』「隆信公御年譜」をもとに論じるなど、近世の編纂物に依拠することから脱却したとは言い難い。

その一方で、一九七〇年代から八〇年代にかけては、龍造寺氏権力と周辺国衆・村との関係について検討した研究もみられる。

例えば、北島万次は龍造寺氏の権力構造が国人領主・地侍層の領主的結集によって成り立つとともに、その権力機構が在地の動きに規定されたとしている（北島万次「天正期における領主的結集の動向と大名権力」）。また、太田順三は肥前国内の村落を素材として龍造寺氏支配下における在地構造を明らかにした結果、龍造寺氏の領国は国人層の離反・反抗に晒されたとしている（太田順三「北部九州の戦国大名領下の村落とその支配」）。

その後、一九九〇年代にようやく、近世の編纂物から脱却して一次史料を主体として研究を進める動きがみられるようになった。

その最前に立ったのが堀本一繁である。堀本は隆信発給文書を徹底的に収集して分析した結果、隆信が二頭政治を行って円滑な政権交代を進めたこと、さらに天正六年における大友氏の敗戦を契機として龍造寺氏が大友氏領国を席巻するとともに周辺の国衆を服属させたことを明らかにしている（堀本一繁「龍造寺氏の二頭政治と代替り」、「龍造寺氏の戦国大名化と大友氏肥前支配の消長」）。

同じ頃、宮島敬一は龍造寺氏の勢力拡大の過程における河上社の掌握について論じ（宮島敬一「戦国期権力の形成と地方寺社」）、松田博光は肥前国内の国人領主によって提出された起請文の分析を通じて龍造寺氏の国衆支配を宗教的側面から検討している（松田博光「戦国末期の起請文に関する一考察」）。

宮島は永禄年間における龍造寺氏・大友氏の抗争以後も大友氏の肥前支配が続いていたとする堀本説を批判している。これに対して、堀本も河上社造営の視点から宮島説に反論している。結局、大友氏の肥前支配が龍造寺氏・大友氏の抗争以後も続いていたのか、それとも続いていなかったのか、さらに龍造寺氏・大友氏の抗争は一体どちらが勝利したのか、明確な答えが見出せないまま現在に至っている。

二〇〇〇年代になると、鈴木敦子が流通の視点から龍造寺氏の権力を考察しているが、その際、鈴木は龍造寺氏研究における「多久家文書」の有効性を示している（鈴木敦子『戦国期の流通と地域社会』）。これを踏まえて筆者も「多久家文書」を基本史料として龍造寺氏の勢力拡大を軍事活動の視点から明らかにし、龍造寺権力の実態にも考察を及ぼしている（中村知裕「龍造寺氏の肥前西部侵攻と龍造寺長信」、「龍造寺氏の勢力拡大とその実態」）。

二〇〇〇年以後は隆信が台頭する以前の段階における龍造寺氏にも目が向けられるようになった。例えば、鈴木は龍造寺氏の系統を分析した上で、隆信の家督継承をめぐる諸問題を解明している（鈴木敦子「龍造寺隆信の龍造寺家家督継承問題」）。また、野下俊樹は室町期応永年間から隆信が登場する戦国期天文年間における龍造寺氏の動向を明らかにしている（野下俊樹「室町・戦国期肥前龍造寺氏に関する予備的考察」）。

以上のように、龍造寺氏研究ではここ三〇年でようやく近世の編纂物への依存から脱却する動きがみられるものの、未だ龍造寺氏権力に関する基礎的研究の積み重ねが必要な状態にあるといえる。

では なぜ、龍造寺氏に関する研究は他の戦国期の権力と比較して大きく後れをとっているのであろうか。

研究における問題点

第一には、日本中世史研究の中で龍造寺氏を研究する意味を見出すことが難しい点が挙げられる。大友氏・島津氏の場合、交易や宗教の面において諸外国とのつながりを見出すことができる。特に島津氏は、琉球王国との関係を中心に研究が進められている。

これに対して龍造寺氏は、交易都市として知られる長崎にきわめて近い位置にある上に、朝鮮半島や中国と交易する要素が十分に備わっている。鈴木敦子の研究によると、御用商人を通じて諸外国と交易を進めていた可能性があるものの（鈴木敦子『戦国期の流通と地域社会』）、龍造寺氏が対外交易に参画したことを直接示す史料はみられない。しかも、隆信存命中にキリスト教を受け入れる姿勢を示したものの、ヨーロッパの人々と盛んに交流した様子もみられない。

このように、対外交易に関する研究が盛況な中で、龍造寺氏研究は埋もれるかたちになったと判断してよい。

第二には、龍造寺氏を研究する場合、研究方法において行き詰まりやすいことが挙げられる。例えば、龍造寺氏研究を志す学生や大学院生は、まず基本史料となる「龍造寺家文書」をみることが多い。文書の中には、天正年間に肥前をはじめとする周辺諸国の国衆が龍造寺氏に対して発給した起請文が多く残されており、龍造寺氏研究を志す者は、まずこの起請文の分析を行おうとする。

ところが、龍造寺氏の起請文に関してはすでに藤野保・堀本一繁の研究がある（藤野保「竜造寺領国の形成過程と国人領主の動向」、堀本一繁「戦国期における肥前河上社と地域権力」）。これらの研究では、起請文の一覧を示して、その時期的分布や記載事項を詳細に分析して、龍造寺氏と国衆の関係性を明らかにしている。さらに祈願の目的や神文にも目を向けて総括的な考察を加えている。そのため、学生・大学院生が藤野・堀本の水準を乗り越えることはきわめて難しい。近年は西森駿汰による起請文の分析がみられるが、やはり起請文の分析から新たな見解を見出すことは難しいといわざるをえない。

このように、龍造寺氏は卒業論文や修士論文の格好の主題になるようにみえるが、いざ研究を始めてみると、大きな成果を得ることが難しい状況が起こりやすい。これも龍造寺氏の研究が進まない一つの理由として位置づけることができる。

次に龍造寺氏に関する研究が少ない理由を史料の面からみていこう。ここでもやはり大友氏・島津氏と比較していくことになる。

研究のための史料

まず、大友氏の場合は『大分県史料』（大分県史料刊行会編、一九五二〜一九八四年）に発給文書が多く収められており、『増補訂正編年大友史料』（田北学編、一九六二〜一九七九年）、『大友宗麟史料集』（大分県教育庁文化課編、一九九三〜一九九四年）には、大友氏関係の文書が網羅的に収集され、かつ編年体に並べられている。この中でも『大分県史料』には、「大友家文書録」など大友氏の発給文書および関係文書を編年に並べた先人の労作があるため、研究を行いやすい状況にある。

また、島津氏に関しては、島津家が所有した文書を集めた『島津家文書』（東京大学史料編纂所編、一九四二年〜）の刊行が進んでいる。これに加えて、『鹿児島県史料』（鹿児島県維新史料編さん所、一九七〇年〜）には「旧記雑録」とよばれる島津氏関係の文書を編年にした資料がある。さらに、島津氏に関しては『上井《うわい》覚兼《かくけん》日記』（東京大学史料編纂所編、一九五四〜一九五七年）があるなど、やはり史料の面において充実している。

これに対して龍造寺氏に関する史料は少ないようにみえるが、『佐賀県史料集成』（佐賀県立図書館、一九五五〜一九九一年）など、意外にも充実している。

『佐賀県史料集成』には基本史料として「龍造寺家文書」があり、ここに龍造寺氏に関する文書が多数残されている。ただ、先述したように、「龍造寺家文書」をはじめとする文書は、そのほとんどが無年号であるため、その年次比定に大きな労力を要することになる。

したがって、龍造寺氏を研究するには、史料の収集を進めた上で、これを編年化する作業が必要になるのである。こうした史料の状況が、龍造寺氏の研究を遅らせる事態をもたらしているといえる。

そのため、今後は龍造寺氏関係文書を編年にした史料集を刊行する必要があるとはいえ、龍造寺氏の場合は未だみつかっていない史料が発見される可能性がある。すなわち、史料の発掘も同時並行で進めていかなければならないのである。

『佐賀県史料集成』の刊行が完結したことにより佐賀県内の古文書はある程度、網羅されたかのようにみえる。しかし、以後も佐賀県内では龍造寺氏に関する古文書が発見されている。

代表的なものとして挙げられるのは、「永野御書キ物抜書」であり、堀本一繁によって翻刻されている（武雄市図書館・歴史資料館編『戦国の九州と武雄』）。その中には隆信関係の文書が多数残されており、龍造寺氏を研究する上で基本史料の一つに数えられる。

これ以外にも龍造寺氏に関する史料は、いくつも発見されている。例えば、筆者は多久家所蔵文書の中から「多久家有之候書類」をみつけたほか（中村知裕「「多久家有之候書類」について」）、鍋島文庫の「藤龍家譜」から隆信関係の文書を多数発見した（中村知裕「「藤龍家譜」所収文書について」）。また、龍造寺氏関係ではないが、「光専寺文書」では、中世肥前の村落の様子を示す史料がいくつか見出されている。

このように、龍造寺氏に関しては、新たに史料の発掘を進めるとともに、年次比定が重要であるなど、史料的環境の整備が必要な段階にある。

これから研究を進めていくためには　今後、龍造寺隆信の研究を進めていくためには、どういった視点が求められるであろうか。

まず研究方法であるが、これまで根拠であるかのように扱われてきた近世の編纂物への過度な依存から脱却して、一次史料をもとにして龍造寺氏の実像を摑むことが不可欠である。

また一次史料に関しても、「龍造寺家文書」に着目するだけでなく、その周辺からも隆信関係の文書を見出して、その有効性を見定めなければならない。

幸い『佐賀県史料集成』には、「龍造寺家文書」以外にも多数の隆信発給文書が見られることから、これを集めた上で、無年号文書については内容を分析して編年化しなければならない。

筆者も龍造寺氏を研究するにあたり同様の作業を進めてきた。その結果、龍造寺氏の研究を進める場合には、「龍造寺家文書」に加えて、「多久家文書」も有効であると認識するに至った。

「多久家文書」は隆信の弟で多久家に入った長信の家に伝わる文書で、多久郷土館が所蔵する「多久家文書」のほか、近世に書写され、鍋島文庫が所蔵する「多久家有之候御書物写」、「多久家書物写」、「多久家所蔵文書」、そして筆者が翻刻した「多久家有之候書類」が存在する。

「多久家有之候御書物写」、「多久家書物写」、「多久家所蔵文書」、「多久家有之候書類」はいずれも近世の写であるが、「多久家文書」に収載されていない文書を多数残しており、その中でも隆信発給文書の数は群を抜いている。以後、本書では、特に区別する必要がない場合、「多久家文書」「多久家有之候御書物写」、「多久家書物写」、「多久家所蔵文書」、「多久家有之候書類」をまとめて「多久家文書」と名付けて論述を進めていく。

この「多久家文書」が龍造寺氏研究において有効であることはあまり知られていなかったが、先述のように、鈴木敦子が「多久家文書」に着目して、龍造寺氏と肥前地域の流通についていくつもの研究成果を上げている（鈴木敦子『戦国期の流通と地域社会』）。この成果を参考にして、筆者も龍造寺氏の軍事活動を分析するにあたり、「多久家文書」を活用した。これにより、龍造寺氏が戦国期において急速に勢力拡大を成し遂げた要因を朧気ながら摑むことができた。

次に龍造寺氏の領国形成過程についても、考察しなければならない問題がある。それは、一九九〇年代に堀本一繁が隆信と大友氏との抗争に対して示した見解についてである。先述したように、龍造寺氏と大友氏の関係について、堀本は大友氏が優位に展開したとしているが、宮島敬一は大友氏に肥前支配の実態はないとして、堀本を批判している。結局、龍造寺氏と大友氏のどちらが肥前支配に優位を保っていたのか、答えが出されないまま現在にまで至っている。この問題について本書では、明確な見解を示さなければならないであろう。

また、龍造寺氏を考える上では肥前国内の国衆のみならず、村々との関係も考慮しなければならない。中世の村というと、これまで畿内およびその周辺地域を扱う研究が多かったが、肥前においても村落共同体が存在して、権力層の軍事や政治に影響を及ぼしていた。現に筆者も「光専寺文書」の分析において村落共同体の自治を取り仕切る「耆中」が存在し、公役の認定に大きな影響力をもっていたことを明らかにした。

以上の問題点を考慮しながら、本書では今まで近世の編纂物によって語られることの多かった龍造寺隆信の実像を明らかにしていきたい。その研究手法として、近世の編纂物を排除し、主に古文書などの一次史料を活用していきたい。これにより、隆信の実像をある程度明らかにできるものと思われるが、史料上の限界により明確な答えが出せない場合も当然あると思われる。

繰り返しておくが、本書では『泰厳公御年譜』『九州治乱記』『歴代鎮西志』『歴代鎮西要略』『龍造寺隆信公記』「藤龍家譜」『鍋島直茂公譜』『龍造寺記』『肥陽軍記』など、近世において戦国期九州の情勢を記述した書物を「近世の編纂物」、戦国期に発給された古文書・古記録を「一次史料」と名付けて論を進めていく。

龍造寺氏を研究する意義

戦国期九州の政治状況は、これまで大内氏・大友氏・島津氏の視点から論じられてきた。そのため、龍造寺氏に研究意義は見出せないように見える。しかし、隆信は守護の系譜を引く大内氏・大友氏・島津氏と違い、肥前の小規模な国衆の立場から、大友氏・島津氏と互角に抗争するほどにまで成長した権力者である。そのため、国衆の成長過程や在地の視点から九州戦国期を論じるには格好の素材であると考えられる。

また、大友氏・島津氏のように、対外交易があったと直接的に示す史料はみられないとしたが、その反面、外国の史料には度々登場する。特に一六世紀に日本に数多く到来したイエズス会宣教師の記録には隆信の名が多く記されている。

したがって、龍造寺氏と諸外国との交流について明らかにすることは難しいものの、諸外国から隆信はどういった存在として捉えられていたのかを明らかにすることは可能である。

そうなると、イエズス会が日本での布教活動を展開する上で、隆信をどう位置づけていたのか、筆者なりの見解を示さなければならない。考察の結果次第では戦国期における日本と諸外国との関係に関する新たな見解が見出されるものと思われる。

以上の問題点を踏まえながら、議論を展開していきたい。

第一章　鎌倉・南北朝期の龍造寺氏

1　鎌倉期の龍造寺氏

龍造寺氏の祖藤原季家

龍造寺隆信につながる龍造寺氏の祖は藤原季家《ふじわらのすえいえ》とされている。この人物は史料上では高木南二郎季家とも記されている。

本書では史料上多く見られる藤原季家として論を進めていくが、なぜ季家の名字が史料によって異なるのか。その理由について川副博は、季家の出自にあるとしている。川副によると、季家は藤原を称しているが、もともと佐賀地方を拠点とする高木季綱の子だったというのである。

高木氏は刀伊の来襲で女真族を九州から追い払った藤原隆家を祖とし、現在の佐賀市の高木瀬を拠点とする領主である。この高木氏から菊池氏・於保《おほ》氏などが分出し、鎌倉期には河上社の大宮司を相伝して神事や免田の経営に努めた。

平安末期の久寿元年（一一五四）、平将門の乱を平定したことで知られる藤原秀郷の五代末裔である佐藤季清が九州で猛威をふるう源為朝を追討するため、子の季喜とともに佐嘉郡小津郷龍造寺村に土着している。この季喜のもとに養子に入ったのが季家であり、以後、季喜の本姓ともいえる藤原を称するようになったというのである。

川副の指摘は、『龍造寺記』など近世に編纂された系図をもとに明らかにしたものである。そのため筆者は、季家が季喜のもとに養子に入った事実を一次史料に求めたが、結局、その根拠を見出すことはできなかった。

鎌倉期の高木氏については森本正憲の研究がある。森本によると、高木氏は肥前国衙の南郊にある高木より出た在庁官人であるとしている。さらに肥後の菊池氏、肥前の大村氏と同様に藤原隆家を祖とする在地領主であり、藤原隆家から四代の子孫である文貞より高木を名乗るようになり、源平の争乱の頃に高木宗家と季家は行動をともにしたとしている（森本正憲「肥前高木氏について」）。

以上の森本の指摘によれば、季家は祖の姓である藤原と当時の姓である高木の両方を名乗っていたことになる。しかしながら、森本は季家の系譜上の位置づけを明確にしていない。すなわち、源平争乱期に活躍した高木宗家と季家が一族の中でどういった関係にあったのかを示していないのである。この問題については今後、鎌倉期における肥前の状況を踏まえた考察が必要である。

藤原季家の活動

季家の活動を示す初見は、文治二年（一一八六）九月二七日付大宰府庁下文案である（「龍造寺家文書」一、大宰府庁下文案）。

下　肥前国小津東郷内龍造寺田畠
　可任鎌倉殿御下文旨、以藤原季家為地頭事
右、去八月九日御下文、今日到来偁、件所者、依相伝之由緒、給府宣、令沙汰之処、為神崎荘住人海六大夫重実、被妨之由云々、爰季家者、不属平家之謀反、仰朝威、致忠勤畢、重実者、為平家方人、益企謀反、已重科也、就中、不入鎌倉殿見参之条、是則心中猶思平家逆徒事故歟、結構之旨甚以奇恠也、然者永停止重実之妨、以季家可令為地頭職、但於有限年貢所当者、用本所之下知、任先例、無懈怠可致其勤之状如件、以下者、任御下文之旨、可為地頭之状如件、
　文治二年九月廿七日
　　　　　　　　　　権大丞中原　在判
　　　　　　　　　　大監惟宗朝臣　在判
　　　　　　　　　　藤原　　在判

この文書をみると、源平の争乱の際、神崎荘《かんざき》の住人である海六大夫重実が平家に味方したが、季家は源氏側として活動したことにより、肥前小津東郷内龍造寺田畠の地頭になったというのである。ここに龍造寺という地名が初めて登場する。

川副は「龍造寺」という地名の由来に関する説を紹介している。これによると、龍造寺は日本武尊《やまとたけるのみこと》が乗っていた龍鑑が着岸した場所を「龍艚島《りゅうぞうじま》」と名付けたことに始まるという。また川副は龍造寺という寺が平安期に葦の生えていた地を宇佐宮に寄進したことにより創建されたとする久米邦武の説を紹介している。

森本正憲は、季家をはじめとする高木氏が源平争乱期に源氏方として臨み、早い段階から鎌倉幕府の御家人に任じられたとしている。すなわち、季家は決して独力ではなく、同族の高木氏とともに源氏方として活動していたというのである。

季家は建久五年（一一九四）に、鎌倉幕府により改めて肥前小津東郷内龍造寺田畠の地頭に任ぜられている（「龍造寺家文書」一、将軍家政所下文案）。

承久三年（一二二一）、鎌倉幕府の執権北条義時の子泰時は佐嘉郡の龍造寺末吉《すえよし》名に狼藉をやめさせるための禁制を発して、これに従わない人物を注進するよう命じている（「龍造寺家文書」一、北条泰時禁制案）。この年、泰時は大軍を率いて京都を鎮圧した後、六波羅探題に就任して承久の乱の戦後処理にあたっていた。

禁制を発した背景には、龍造寺の地が周辺の勢力によって濫妨されていたことが大きく関係している。その証拠に承久の乱に伴う混乱が肥前にも生じていたのであろうか、嘉禄二年（一二二六）、惣地頭である蓮沼忠国が季家の末吉名の小地頭得分を押し取る事態が起こっている。これに対して、季家は忠国と裁判で陳述に及んでいる（「龍造寺家文書」一、佐嘉御領内小地頭等申状案）。結果として幕府は得分の配分をめぐる認識の違いを指摘した上で、忠国に対して新儀の妨げを停止する判決を下した。この時、子の季益は鎌倉に来ており、泰時はその帰国を季家に報告している（「龍造寺家文書」一、関東下知状案・北条泰時書状案）。

川副は、季家が源頼朝挙兵の際に関東へ向かい源範頼の平家追討に従事したとしているが、考察の結果、その動きはみえなかった。

しかし、源平の争乱に際して、季家は源氏に味方して御家人の地位を得て、龍造寺末吉名の地頭としての地位を確立したことは間違いない。

長瀬南三郎季益の動向

季家の活動は安貞元年（一二二七）まで確認でき、その跡を継いだのは子息の季益である。父は藤原季家・高木南二郎季家を名乗っているが、季益は一貫して長瀬南三郎を名乗っている。これは川副も指摘するように、佐嘉郡の龍造寺村の北に位置する長瀬を拠点としたことによるものと思われる。

この季益も父季家と同じように鎌倉幕府の御家人としての活動がみえる。例えば、暦仁元年（一二三八）に在京して京都大番役を勤めており（「龍造寺家文書」一、関東御教書案）、建長元年（一二四九）には京都にある蓮華王院の造営用途の負担を幕府より命じられている（「龍造寺家文書」一、関東御教書案）。

先に龍造寺末吉名をめぐり父季家と惣地頭の間で相論が生じ、幕府は季家を支持する姿勢を示したことを明らかにした。同じ相論は季益の代でも起こっており、西蓮という人物がその相手となっている（「龍造寺家文書」一二）。

この相論はどう決着したのか、そのことを示す史料は残されていない。ただ、季益が父季家から龍造寺の地を受け継いだことは確かである。

モンゴル襲来と龍造寺氏

季益の後、龍造寺氏の系譜はわからなくなるが、モンゴル襲来の頃に龍造寺小三郎左衛門という人物が登場する。確認できる限り、この小三郎左衛門から初めて本領である龍造寺を姓とするようになる。

この小三郎左衛門について、川副は季友と比定し、季益の子としている。ところが『龍造寺系図』（鍋島家文庫蔵）は小三郎左衛門を季友の子家清としている。確かに世代を踏まえると、川副が指摘するように季益の子季友と位置づけることが適切であるかのようにみえるが、季友・家清の名を明確に記した史料がないため、その判断は難しい。したがって、本書では文書に記される小三郎左衛門として論を進めていく。

小三郎左衛門は、一回目のモンゴル襲来である文永の役に参陣したと思われるが、その活動は史料上明確ではない。しかし、二回目の弘安の役では具体的な活躍が確認できる。

史料によると、弘安四年（一二八一）七月、小三郎左衛門は薩摩の島津氏や松浦《まつら》党とともに、壱岐瀬戸浦の元軍に攻撃を加えて大きな戦功を挙げている（「龍造寺家文書」五）。この戦功により、龍造寺氏は肥前国三養基《みやき》郡内の米多《めた》続命院《ぞくみょういん》内の所領を配分されている（「龍造寺家文書」二一九）。

以後、小三郎左衛門は弘安五・六・七・一〇年、正応四年（一二九一）の計五回にわたり、筑前国姪浜《めいのはま》で異国警固番役を勤めている（「龍造寺家文書」四・六〜一二・一四）。

このモンゴル襲来での活躍により龍造寺氏は肥前国米多続命院のほか、筑前国比井《ひい》郷内の地を与えられている。その後、経緯は不明であるが筑後国荒木村の田地を得ている（「龍造寺家文書」一七・一八・二一九）。荒木村を得たことにより、龍造寺氏の所領は肥前国佐賀郡のみならず、筑後・筑前にも及んでいたことになるが、小三郎左衛門の死後、この所領をめぐって龍造寺氏内部で相論が生じることになる。

鎌倉末期における相論

モンゴル襲来の後、龍造寺の所領を維持していたのは、持善という人物である。この持善とモンゴル襲来で活躍した小三郎左衛門が果たして別人であるのか同一人物なのか、また別人であった場合、両者がどういった関係にあったのかはよくわからない。

この持善は鎌倉後期の正和年間（一三一二〜一三一六）には死去しており、その遺領をめぐる相論が一族内で起こっている。

すなわち、正和二年（一三一三）、持善の孫にあたる八郎家実が遺領をめぐり、伯父又六家季を鎌倉幕府の出先機関である鎮西探題に訴えたのである。ところが家季は鎮西探題がある博多への出頭を拒否した。そのため同年、鎮西探題は改めて家季に対して召文を発給し（「龍造寺家文書」一七）、さらに元応元年（一三一九）には、家季に龍造寺氏の所領の子細を注進するよう命じている（「龍造寺家文書」一二九）。

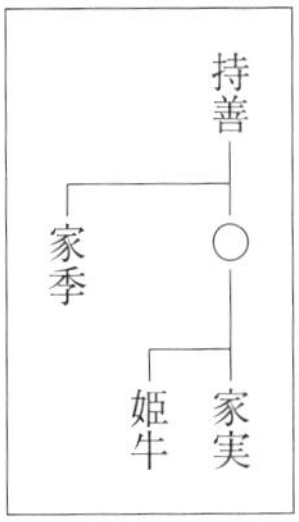

鎌倉末期龍造寺氏略系図

なぜ家季は博多への出頭を拒んだのであろうか。その理由は以下に示す文書により明らかにされている（「龍造寺家文書」二二九）。

肥前国龍造寺六郎入道持善孫女藤原□（氏女姫牛カ）代資永申裏紙五郎俊家押領末吉名□（内田地之事カ）
右、如□（氏女所進カ）徳治三年正月日持善譲状者小津東□（郷内田地壱町カ）、三重屋庄内田地壱町、龍造寺屋敷□（一所カ）、里坪署之、譲与孫女姫牛之旨所見也、如同月廿日同人置文□（者カ）、持善所領事、惣領家季、或沽却他人、或入質券、譲他人者、姫牛任先祖置文、可申給云々、取要、俊家為異姓他人、令相伝持善遺領末吉名内田地之上者、任置文、可被返□氏女□（之旨訴カ）申之間、度々催促之上以国分彦次郎□、尋問実否訖、如執進去四月十日俊家請文者、藤□（原氏カ）申末吉名田地事、召給本解、可明申之由、雖載之、于□（今カ）不参、難遁違背咎歟、然則於俊家知行分持善跡末吉名内田地者、任置文、所被付氏女也者、依仰下知如件、

元徳四年七月十六日

修理亮平朝臣（花押）

ここに登場する藤原氏女姫牛も、家実と同じく持善の孫であることがわかる。すなわち、右の文書から家季は家実のみならず、元徳四年（一三三二）に藤原氏女姫牛からも訴えられていたことがわかる。それによると、家季は持善の所領を他人に沽却し、あるいは質に入れ、あるいは他人に譲っていたことを理由に相続を外されていたことが暴露されている。そのため、家季は博多に出頭しなかった

と考えられる。この訴えに対して、鎮西探題は持善の所領を姫牛に返す判決を下している。同じ頃、龍造寺氏の本領ともいえる龍造寺末吉名内の田地が源三郎入道蓮性によって押し取られる事態も起こっていた（「龍造寺家文書」一三〇）。これに対して鎮西探題は、持善の置文に任せて姫牛のものとするよう命じている。ここから龍造寺氏の本領である末吉名は姫牛の所領として認定されたことになる。したがって、龍造寺氏の惣領は家季から姫牛になった可能性も指摘できる。右の文書の内容をみると、家季と姫牛は親子関係ではなく、家季と家実の関係と同じように叔父と姪の関係であった。

以上のように、鎌倉期の龍造寺氏は季家と季益の親子関係までは確認できるものの、小三郎左衛門・持善・家季・家実・姫牛を系図で結びつけることは難しく、かつ惣領がどのようにして受け継がれたのかもよくわからない。

ただ、鎌倉期には周辺地頭の濫妨や一族の内紛を経ながらも、季家に給与された龍造寺の地を一族が守り続けたことは間違いないであろう。

2　南北朝期の龍造寺氏

鎌倉幕府の滅亡と龍造寺氏

ここでは、鎌倉幕府滅亡と建武政権を経て起こった南北朝の争乱に龍造寺氏がどう関わっていくのかを明らかにしていこう。

鎌倉幕府による九州支配は鎮西探題が担っていたが、肥後の菊池武時の挙兵をきっかけに大きく揺らぐことになる。菊池武時は鎮西探題北条英時との間で生じたトラブルをきっかけに鎮西探題に反抗したとされているが、当時、後醍醐天皇が元弘の乱を引き起こしていたことから、この中央の政治情勢も武時の挙兵に関係していたものと思われる。

「博多日記」（『角川日本古典文庫　太平記（一）』所収）によると、武時は隠岐から脱出した後醍醐天皇からの綸旨を得たとして少弐氏・大友氏に挙兵を呼びかけている。しかし、どちらからも拒否されたため、正慶二年（一三三三）三月に武時は単独で挙兵したが、鎮西探題方の返り討ちに遭い、軍勢の多数が討たれている（森茂暁『戦争の日本史八――南北朝の動乱』）。

その後、鎌倉幕府が滅亡すると、元弘三年（一三三三）五月に九州のほぼ全域から参じた武士たちの総攻撃をうけて鎮西探題は消滅している。この戦いには龍造寺善智も探題を攻撃する側として参加しており、そのことを示す着到状が残されている（「龍造寺家文書」四九）。

鎌倉幕府が滅亡すると、京都では建武の新政が開始され、後醍醐天皇を中心とする新たな政治体制が構築される。その中で足利尊氏は六波羅探題を滅ぼし、反鎌倉幕府勢力の挙兵を促したものの、政権の要職にはつかなかった。善智は元弘三年一〇月、京都の尊氏のもとを訪れて、着到状を提出して証判を得ていたことが確認できる（「龍造寺家文書」四八）。

建武政権期九州の混乱と龍造寺善智

前述したように、鎌倉幕府の滅亡に伴って鎮西探題も消滅したが、以後も各地で北条氏の残党が挙兵した。これに関しては、北条高時の遺児時行が起こした中先代《なかせんだい》の乱が有名であるが、九州においても同様の事態が発生している。建武元年（一三三四）、鎮西探題を務めた金沢政顕の子規矩《きく》高政とその弟糸田貞義が豊前で挙兵しており、九州の武士が動員されてその鎮圧にあたった。

この鎮圧活動には龍造寺善智も参加しており、そのことを示す着到状が残されている（「龍造寺家文書」五一・五二）。結局、規矩・糸田の乱は鎮圧されるが、建武二年（一三三五）一月、規矩高政に味方する上野四郎入道と越後左近某が長門国府に立て籠もったため、善智もその追討に加わる姿勢を示している（「龍造寺家文書」五三）。

その頃、中央では中先代の乱をきっかけに後醍醐天皇に反抗する意思を示した足利尊氏が上洛して一時期は京都を占拠したものの、北畠顕家らの攻勢により敗れて九州に敗走している。建武政権下において尊氏と好を通じていた善智は尊氏に協力している。具体的には元弘三年（一三三三）二月、尊氏が長門赤間関に到着した際、善智も馳参している（「龍造寺家文書」六〇）。

同年三月に尊氏は筑前多々良浜の戦いで菊池武敏の軍勢を破っている。この戦いに善智が参加したのかどうかはよくわからない。ただ、善智は同月に尊氏の一族上野頼兼に従って筑後黒木城攻めに参加するなど、終始尊氏側として軍事活動に従事していたことは間違いない（「龍造寺家文書」五五）。

なぜ善智は尊氏に味方する姿勢を示したのか。森茂暁によると、尊氏は元弘の乱の時点で九州の有力武士との間に軍事指揮に基づく関係を形成しており、これが尊氏の九州逃亡の際、有効に作用したとしている（森茂暁『足利尊氏』）。

森はあくまで大友氏・島津氏・阿蘇氏との関係から右記の見解を導き出しているのだが、善智の行動を踏まえると、当時の龍造寺氏も尊氏と九州の武士との関係の枠組みに入る存在であったと考えられる。

南北朝の内乱と龍造寺氏

多々良浜で菊池武敏を破り、九州で勢力を立て直した尊氏は東上を開始しているが、その際、菊池氏とこれに味方する勢力を抑えるため、博多に一色道猷《どうゆう》（範氏）とその子直氏・仁木義長・小俣《おまた》氏義・小俣氏連を残している。これが鎮西管領、後の九州探題の始まりとなる。以下、本書では九州探題という用語で話を進める。

その際、善智は尊氏とともに東上することなく九州に残されており、九州探題に従って菊池氏とこれに味方する勢力との抗争に関与している。

建武三年（一三三六）、尊氏東上後に菊池武敏は再び蜂起して筑前に城を構えており、翌四年には武敏の兄で菊池氏の惣領である武重が蜂起している。

蜂起に対して、九州探題も軍勢を度々派遣しており、これに龍造寺氏も参加しているが、以後、南北朝期の内乱には善智のみならず、孫次郎家政・孫三郎季利・又四郎家平・彦四（三）郎家貞・孫六入道実善・又六入道修善・六郎家種・又七家政といった一族の多くが関与することになる。

右に挙げた人物を、龍造寺氏の系図に当てはめて整理することは困難である。少なくとも、又四郎家平・六郎家種・又七家政は又六入道修善の子であることは明確であるものの（「龍造寺家文書」二四・二三五）、それ以外の関係はよくわからない。

多々良浜古戦場の碑

鎌倉幕府滅亡・建武政権期に龍造寺氏の惣領として現れるのが善智である。しかし、建武四年(一三三七)に九州探題一色範氏の侍所である小俣道剰が善智に起請文を提出するよう命じて以降(「藤龍家譜所収文書」一)、その名がみられなくなる。おそらく建武四年頃に死去したものと思われる。これ以後、龍造寺氏は右の一族が九州探題に従って、その軍事活動に従事していくことになる。

こうした状況の中で、康永三年(一三四四)、又四郎家平は龍造寺上円という人物から肥後国野原西郷増永内田畠屋敷等を譲り与えられている(「龍造寺家文書」七九)。

このように、南北朝期の内乱勃発に伴って、龍造寺氏一族は尊氏との関係もあり、九州探題、すなわち北朝側として活動している。南北朝内乱が起こった頃、龍造寺氏の惣領は善智であったが、それ以後は一族がそれぞれ独自の勢力を形成して活動するようになったと考えられる。

足利直冬の下向と龍造寺氏一族

南北朝期の九州は、これまでみたように、北朝側の九州探題と南朝側の菊池氏が交戦する状態にあったが、これに足利直義の養子直冬が加わることによって複雑な様相を呈するようになる。

京都で観応の擾乱によって足利尊氏と対立した弟直義は、養子の直冬を河尻幸俊に同道させて、貞和五年(一三四九)九月に肥後へ派遣している。

その後、直冬は肥後阿蘇地方を拠点とする阿蘇惟時を味方につけようとしているが、その際、尊氏に味方して室町幕府の成立に貢献した少弐頼尚が直冬を聟《むこ》として、自らの館に住まわせるなど、直冬に味方する姿勢を示している。これは当時の頼尚が九州探題一色範氏と対立していたことによるものであった。これに乗じてそれまで九州探題に従っていた九州の武士も次々と直冬に味方するようになる（森茂暁『懐良親王』）。

龍造寺氏一族の中にも直冬に応じていた人物の存在を確認することができる。真っ先に直冬に応じたのが彦三郎家貞の子家忠であり、その所領を直冬により安堵されている（「龍造寺家文書」九五・九六）。観応二年（一三五一）には、修善の子家政・家平兄弟も直冬に味方している。特に家平はそれまでの軍忠状を披露したことにより、直冬より署判を加えられている（「龍造寺家文書」八三）。

なぜ龍造寺氏の一族から続々と直冬に味方する者が出たのであろうか。家忠に関してはその理由は明確でないものの、家政・家平に関しては、直冬に味方した理由を直接的に示す文書が残されている（「龍造寺家文書」一二三五）。

□□（肥前）国
□（龍）造寺又七家政謹庭中言上
肥前国《早当》○《佐嘉郡》龍造寺末吉名田畠屋敷等、幷同国三重屋新庄田地三町、筑前国日比郷《長渕荘》田地五町、同畠地当住屋敷等地頭職者、先祖藤原季家賜元暦・文治・建久度々右大将家御下文以来、至于亡父龍造寺又六入道修善、数代当知行無相違処、召放（マヽ）一色殿御代無道○《被召放》、依被預置今川掃部助（頼貞）殿、含多年鬱訴刻、幸御所《当》（足利直冬）鎮西御下向間、馳参、家政・家平以下兄弟等御方致、鹿子木城合戦時、即家平被疵畢、次去年九月、肥前国多久山御出時、家政本知行不可有相違之由預御教書、即令入部当名、當地行○《忝》下賜裏書安堵御下文者也、随而去八月十二日預御教書、馳向筑前国宗像城致忠節同九月九日、筑州肥前国御発向間御共仕抽忠節同廿九日、筑後国河北荘合戦時令分捕抽抜群軍忠、賜筑州御一見状幷御吹挙状欲浴恩賞処、如御奉行人飯河方問答者件地等者掃部助殿今度恩賞可有御便補云々、家政愁訴無極次第也、馳参今度兄弟一族相共御方抽忠勤処、以本領当知行地、被宛行他人条、偏失弓箭面目者也、□（若）為御便補実者達家政愁歎上聞、○《所詮》被垂御哀憐、被直便補御沙汰云、○《普代》本領云当知行地云、無相違上者以件地、可宛賜家政恩賞由数日雖歎申、○《御》奉行人無御披露条、不便次第也、然間乍恐驚上聞、所愁■《令言上》令勤序也、○《早》急速被経御沙汰、且任○《所々》軍■《忠節》、且依本領当知行実○《不及求他闕所》無他闕所上者、以彼地下《充》賜家政恩賞○《御下文、備後代亀鏡、全知行、弥欲抽忠節、同国》弥抽軍功欲全知行龍造寺末吉名、并三重屋■《新》荘田地三町、同筑前国日比郷《長渕荘》田畠屋敷等地頭職事、

（中略）

観応二年十二月　日

この文書は龍造寺家政が作成した草案である。これによると家政と家平は父修善が死去したため、肥前龍造寺末吉名・筑前国長渕荘などの所領を相伝するはずであった。しかし、一色範氏によって所領を召し放たれた。すなわち所領の支配権を失ってしまったのである。そのため、家政・家平は九州探題に本領の回復を訴えていた。こうした経緯があったため、直冬の下向に伴い、これに従ったとしている。

以上の経緯により直冬に従うことになった家政・家平は、筑前・筑後・肥前における戦いでそれぞれ戦功を上げている（「龍造寺家文書」三三・三四・八五）。これに対して、直冬は家平に肥前国牛嶋荘・同方躰村の領家職と中津隈《なかつくま》内の地頭職を与えており、家政も一色範氏によって失った所領を安堵されている（「龍造寺家文書」八六・一三五）。

ところが、本領である龍造寺末吉名は家政のもとに戻ることなく、九州探題から直冬側に寝返った今川頼貞に与えられた。激怒した家政は、文和元年（一三五二）、本領を取り戻すために直冬を訴えるとともに、軍勢を率いて末吉名に乱入して城郭を構え、直冬に反抗する姿勢を示している（「龍造寺家文書」三五・三六）。

これに対して、直冬は家政に肥前国川副《かわそえ》荘内の所領を与えようとしているが（「龍造寺家文書」三七）、家政がどのような対応をしたのかよくわからない。その後の家政の動向は一切不明となる。

九州の北朝勢力と龍造寺氏

龍造寺氏一族の中には九州探題の措置に反抗して足利直冬に味方する者がいた。しかし、本領をめぐる相論、直冬の九州撤退により、以後、龍造寺氏一族は北朝側として活動するようになる。

文和二年（一三五三）から延文三年（一三五八）までの五年間、龍造寺氏一族の活動はわからなくなるが、延文四年（一三五九）に龍造寺家貞（彦四郎家貞とは別人物か）が北朝側の少弐頼尚に従って、南朝側の征西府の軍勢と交戦している。同年、頼尚は筑後大保原の戦いで敗退して南朝勢力が九州を席巻していくが（「龍造寺家文書」九七）、それ以降も龍造寺氏一族は、南朝側の抵抗勢力として活動した。

かつて直冬に従っていた家平もその一人であり、家政の子家経とともに肥前・筑前では劣勢の中で南朝側の軍勢と度々交戦している（「龍造寺家文書」八七・八八）。

応安五年（一三七二）、今川了俊が新たな九州探題として赴任すると、龍造寺氏一族もこれに馳せ参じている。了俊は子息貞臣を豊後から、弟頼泰を肥前から、自らは豊前から南朝側への攻撃を開始しているが、その際、家経の子とされる熊龍丸（後の家是）は頼泰に従って肥前方面から南朝側への攻撃に参加している（「龍造寺家文書」四二）。

こうした戦功もあって、龍造寺家是は永和二年（一三七六）に本領である肥前国龍造寺村惣領分を取り戻すことに成功している（「龍造寺家文書」四三）。その後、明徳二年（一三九一）には家是の子家治が今川貞臣により若狭守に吹挙されている（「龍造寺家文書」四四）。

南北朝期における龍造寺氏の系譜

南北朝期における龍造寺氏は、多くの人物が登場してそれぞれの活動に従事している。

最後に南北朝期における龍造寺氏を総括するにあたり、同時期における龍造寺氏の系譜を可能な限り整理しておきたい。

龍造寺氏の系図に関しては、江戸時代の享保年間（一七一六～一七三六）に鍋島宗茂によって編纂された『龍造寺系図』のほか、同じく近世に編纂された『龍造寺記』、そして『続群書類従第六輯下』が挙げられる。これらの系図を踏まえて、川副博は南北朝期における龍造寺氏の系譜を図のようにまとめている。

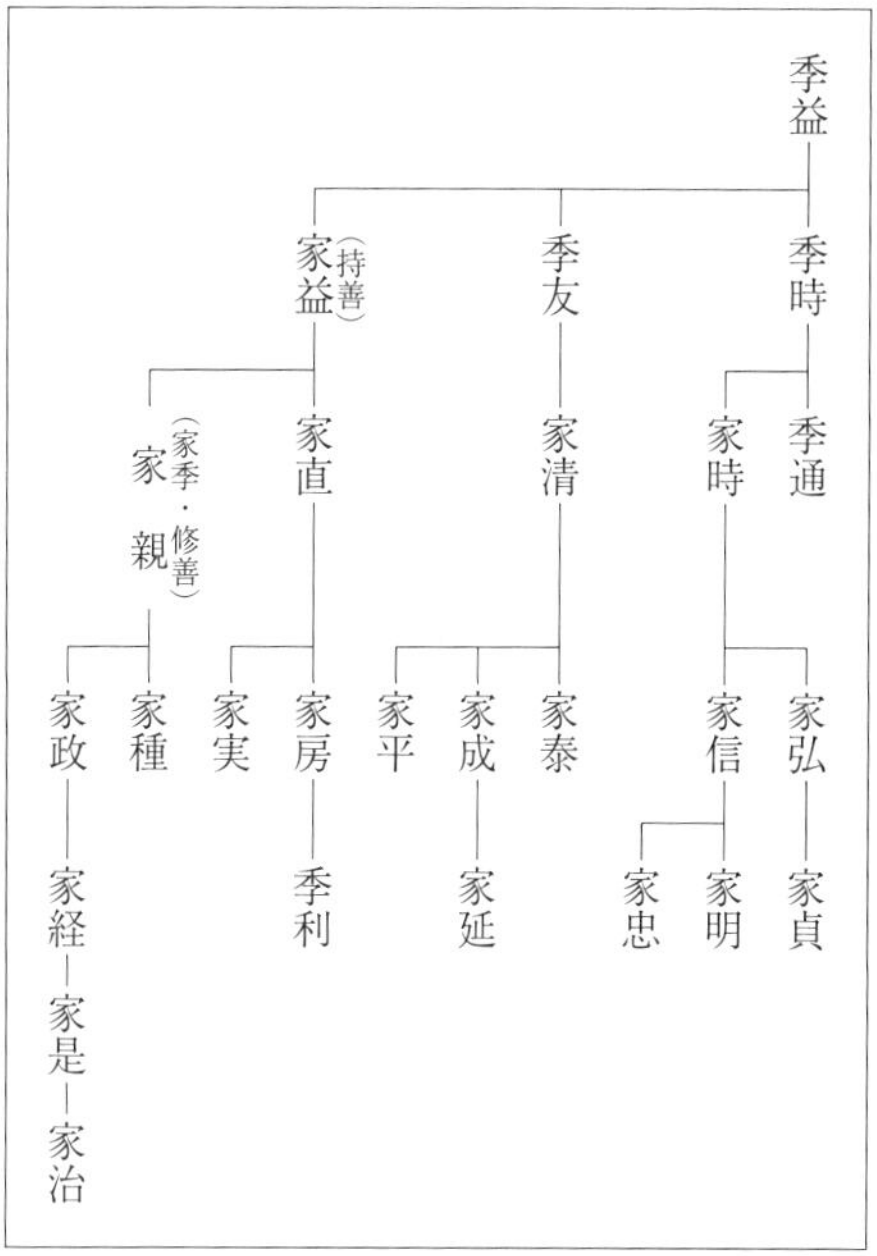

南北朝期龍造寺氏の略系図（川副説）

　鎌倉幕府滅亡から南北朝内乱の勃発まで、龍造寺氏の中で主に活躍したのは善智であるが、その名は系図にはみられない。川副は家益の子家親を修善としており、初名は前章でみた家実・姫牛の相論相手の家季であるとしている。確かに、両者の活動した時期が鎌倉末期・建武政権期であることを踏まえると、家季と修善を同一として位置づけることもできるが、確証に乏しい。

　この修善には先述したように、六郎家種・又四郎家平・又七家政の子があるものの、川副の系図によると、家平は修善ではなく、家清の子となっている。三人のうち、

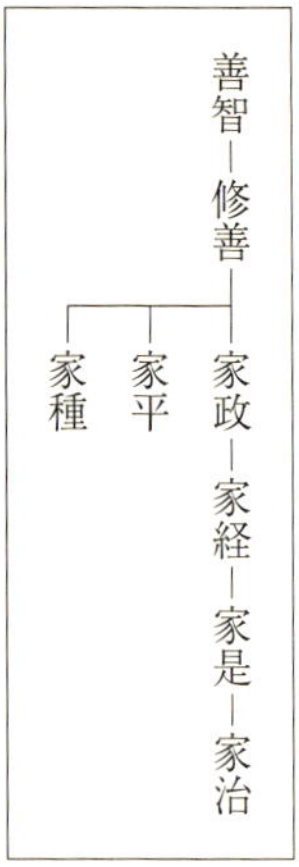

南北朝期龍造寺氏の略系図（中村説）

龍造寺氏の本領を取り戻すべく家政が九州探題一色範氏や足利直冬に愁訴していることから、家政が修善から龍造寺氏の惣領を受け継いだと思われる。この家政の子が家経で、延文四年（一三五九）時は若年であったためか、叔父にあたる家平とともに、南朝側と度々交戦している。

この家経は若くして死去したと思われる。そのため、応安五年（一三七二）、今川了俊が新たな九州探題として九州に侵攻した際には、家経の子熊龍丸（後の家是）が了俊のもとに馳参し、天授二年（一三七六）に、本領である肥前国龍造寺村惣領分を取り戻すことに成功している。その子が家治で永和二年（一三九二）に若狭守に吹挙されたことは先述したとおりである。

このように確実な史料から、鎌倉幕府滅亡から南北朝内乱期における龍造寺氏の系譜を示すと中村説の図のようになる。

ここでは、善智と修善を親子としたが、両者の関係については今後も検討が必要である。南北朝の内乱は約六〇年近く続くが、その中で龍造寺氏の惣領は、六代にわたっていることがわかる。この時期の龍造寺氏は多くの戦闘に従事していることから、この中にはおそらく若くして戦死・病死した者も存在したであろう。

また、南北朝期には多くの龍造寺氏一族が史料に登場するが、そのすべてを龍造寺氏の系図に当てはめることはできなかった。

特に足利直冬の軍勢催促に応じた彦三郎家貞とその子家忠について、川副の系図では修善の従兄弟家時の孫として登場しているが、そのことを裏付ける史料は存在しない。したがって家忠とその父家貞の系譜のどこに位置づけてよいのか、今後の課題である。

以上のように、鎌倉期に続いて南北朝期においても龍造寺氏の系譜を結びつけることは、きわめて難しいといわざるをえない。

第二章　室町・戦国期の龍造寺氏――龍造寺家兼の実像

1　室町期の肥前と龍造寺氏

本章では室町期における龍造寺氏の動向を明らかにする前提として、まず室町・戦国期の肥前国の状況を概観しておこう。

室町期の肥前

室町期における政治情勢は、川岡勉が明らかにしているように、室町幕府―守護体制の上に成り立っている（川岡勉『室町幕府と守護権力』）。

これを踏まえると、肥前守護にまず着目しなければならない。室町期の肥前守護について、川添昭二は九州探題渋川満頼が本拠を博多において豊前・肥前・肥後の守護職を兼補していたとしているが、渋川満頼以後の肥前守護を史料上検出することは難しい。

これは、肥前においてさまざまな権力が交差していたことによるものである。川添昭二は、渋川氏の活動範囲は彼杵《そのぎ》郡・杵島《きしま》郡、そして神崎郡以東であり、少弐氏・千葉氏がいるため、その権力はきわめて限定されていたと指摘している（川添昭二「九州探題の衰滅過程」）。また、黒嶋敏は渋川氏が神崎郡の綾部城を拠点として背振《せふり》山地に勢力を維持していたものの、大内氏・少弐氏に擁立され、戦国期に渋川氏の活動はみえなくなったとしている（黒嶋敏「九州探題考」）。

こうした状況の中で、守護ではないものの、比較的安定して権力を保っていたのが小城《おぎ》郡を本拠地とする千葉氏であった。

千葉氏は源頼朝により小城郡の地頭に任ぜられ、鎌倉初期から肥前に所領を形成していたが、やがてその一族が関東から移住したことにより肥前千葉氏の活動が始まる。

宮島敬一によると、室町期の千葉氏は肥前守護ではなかったものの、小城郡・佐賀郡を中心に統治権を確立するとともに、河上社の支配を通じて肥前国衙の機能を吸収していたとしている（宮島敬一「戦国期権力の形成と地方寺社」）。

このように室町期の肥前は、渋川氏・千葉氏・少弐氏という三氏が入り乱れる状況にあったと考えられる。これにより、肥前守護が明確ではない事態を引き起こしたものと思われる。

室町期の龍造寺氏

前述した肥前の状況もあり、室町期における龍造寺氏をはじめとする国人領主の動向はよくわかっていない。

「龍造寺家文書」を見ていくと、南北朝の合一が成立した明徳年間（一三九〇〜一三九四）から戦国期の文明年間（一四六九〜一四八七）の約七〇年間にかけて、龍造寺氏の動向を示す史料はきわめて少なくなる。

少ない史料のうちの一つとして、まず応永四年（一三九七）に発給されたと思われる少弐貞頼書状が挙げられる（「龍造寺家文書」四五）。この文書は、龍造寺六郎が少弐氏に忠節を尽くしたことを少弐貞頼が賞したものである。当時、貞頼は肥後の菊池氏とともに九州探題渋川満頼に反抗して北部九州で抗争を繰り広げていることから、当時の龍造寺氏も少弐氏に従っていたものと思われる。

その後、応永七年（一四〇〇）に九州探題渋川満頼は、肥前の河上社の祭礼を再興させているが、その際、龍造寺氏が流鏑馬《やぶさめ》の次第に他の肥前の国人領主とともに名を連ねている（「実相院文書」一二二）。この頃、渋川氏は肥前において少弐貞頼との抗争を展開し、戦況を優位に進めていたことから、当時の龍造寺氏は渋川氏のもとに編成されていたと野下俊樹は指摘している（野下俊樹「室町・戦国期肥前龍造寺氏に関する予備的考察」）。

応永年間に関しては、応永一二年（一四〇五）に幸盛という人物が川副荘の田地を龍造寺氏に売り渡した売券が残されている（「龍造寺家文書」一三九）。ここから、室町期において龍造寺氏が川副荘内に田地を有するようになったことは間違いない。

室町期における龍造寺氏の家督について諸系図をみていくと、家治―康秀―家秀―家氏―康家に受け継がれたとしている。しかし、一次史料が少ない状況を踏まえると、この家督継承は真実であるのか、また、諸系図の人物が本当に存在していたのか、今のところ明確な根拠がない状態である。

近世の編纂物をみても、室町期の九州については少弐氏・渋川氏の動向に紙幅が割かれており、龍造寺氏をはじめとする肥前国内の国人領主の具体的動向はほとんど述べられていない。

以上のように、室町期の龍造寺氏は応永年間における渋川氏と少弐氏の抗争に関与していた形跡はみられるものの謎の部分が多く、龍造寺氏の家督についても明確ではないのが実情である。

少弐氏の軍事活動と龍造寺氏

大内氏により筑前から逐《お》われ、肥前を拠点とした少弐氏は、長享元年(一四八七)から明応年間にかけて、肥前から筑前に向けて軍事活動を展開する。

その詳細は、堀本一繁によってすでに明らかにされている。この研究によると、長享元年に肥前与《よ》賀《か》城を拠点に挙兵した少弐政資《まさすけ》は、肥前綾部城の渋川氏を攻撃した後、筑前早良《さわら》郡にも進出して、高《たか》祖《す》で大内氏の勢力と交戦している(堀本一繁「明応の政変と少弐氏」)。

その最中、少弐政資は龍造寺次郎を右衛門大夫に吹挙している(「龍造寺家文書」九八)。この吹挙文書について野下は、少弐氏が肥前国内に勢力を拡大する中で龍造寺氏と接近した事例として捉えている。

長享元年から明応年間における龍造寺氏の動向を示す史料もやはり少ないといわざるをえない。ただ、文明一七年(一四八五)に、龍造寺氏は二つの制札を掲げている。

一つは寄船についてで、強風などの被害に遭った船を奪取することを禁止し、これに違反する者は処罰するとしている。二つには「和市」における押買・狼藉、博奕・盗賊などを禁止することを示している(「藤龍家譜所収文書」二・三)。

『中世法制史料集』はこれら二つの制札について、「藤龍家譜」の記述から龍造寺康家が発給したものとしている。しかし、康家を発給者として位置づけるべきかどうか検討を要するところである。ただ、二つの制札から、龍造寺氏が海上交通や領内の市の運営に関する権限を有するなど、現在の佐賀地方の支配を固めつつあったことは確かである。

そのため、少弐氏は挙兵するにあたり龍造寺氏を味方につける必要があったと考えられる。

千葉氏と龍造寺氏

一五世紀の肥前はこれまで述べたように、渋川氏・少弐氏・千葉氏が割拠する状況にあったが、一六世紀に入ると千葉氏に従う国人領主として龍造寺氏の動向がみえるようになる。

龍造寺氏と千葉氏の関係を示す最も早い事例としては、文亀二年（一五〇二）に千葉某が発給した安堵状がある（「藤龍家譜所収文書」四）。これは千葉氏が龍造寺孫九郎に佐賀郡内の地を安堵したものである。千葉氏は永正二年（一五〇五）にも龍造寺隠岐入道に佐賀郡内川副下荘内の地を安堵している（「龍造寺家文書」九九）。

これらの安堵状により、千葉氏の支配領域が佐賀郡にまで及んでいたと裏付けることができる。この頃、千葉氏は、少弐氏と大内氏の干渉により二つに分かれて（西千葉氏・東千葉氏）争う状態となっており、これが原因でやがて衰退していく。龍造寺氏は室町期に少弐氏に従っていたことから、宮島敬一が指摘するように西千葉氏に味方していたようである。

例えば、永正年間に発給されたと思われる千葉胤繁書状によると、西千葉氏の胤繁が、祇園社役を承諾した龍造寺右衛門大夫を賞賛している（「龍造寺家文書」一〇〇）。西千葉氏の家督を継承した胤勝は、野下俊樹が明らかにしているように、永正一一年（一五一四）に龍造寺新次郎を「胤久」と名付けるとともに（「龍造寺家文書」一〇三）、大永元年（一五二一）には民部少輔に吹挙している（「龍造寺家文書」一〇四）。その後、享禄三年（一五三〇）、千葉胤勝は胤久に「与賀庄千町」を宛行《あてが》っている（「龍造寺家文書」一〇六）。

他方で、東千葉氏の興常も佐賀郡と小城郡内の地を龍造寺氏の家臣であろう永田左馬允に安堵することを胤久に伝えており、大永四年（一五二四）には胤久に佐賀郡・小城郡内の地を宛行っている（「龍造寺家文書」一〇五）。

これらの事例から、東西千葉氏はいずれも龍造寺氏に接近していたことになる。特に大永四年は、大内氏が安芸国の攻略を進めており、一方で大友義鑑が修理大夫に任官されるなど、大内氏・大友氏の対立は一時的に解消されている状況にあった。この状況を背景に、西千葉氏に加え、東千葉氏からの所領宛行が行われたと考えることもできる。

宮島敬一は文永三年（一二六六）に作成された「肥前国検注案」に記された大永二年（一五二二）の奥書から、「肥前国検注案」が書写されて龍造寺氏のもとに渡っており、そしてこれをもとに龍造寺氏が段銭を徴収したとしている（「龍造寺家文書」二一七）。ここから宮島は、龍造寺氏が千葉氏の家督、ならびに同氏が有していた河上社・国衙との関わりの中で権限・公権を獲得していたとしている。

これに対して、野下俊樹は千葉氏による龍造寺氏への所領宛行が行われていたこと、そして河上社の大宮司職を千葉氏が天正年間初め頃まで有していたことから、龍造寺氏が千葉氏の家督や社会的地位を狙っていたとする宮島の説を批判している。

一六世紀初の龍造寺氏は、千葉氏との関係のもとで肥前国内での勢力基盤を獲得したようである。特に本拠地佐賀郡に加えて小城郡を獲得したことは、隆信が家督を継承した際の勢力基盤になるとともに、天正年間において展開される西肥前侵攻戦で実質的効果を発揮することになる。その詳細については第五章で明らかにしていこう。

2 龍造寺家兼の実像

龍造寺家兼とは

戦国期の龍造寺氏を語る上では、龍造寺家兼（剛忠）の存在を忘れてならない。家兼は隆信の曾祖父にあたる人物であり、龍造寺氏興隆の祖として知られている。しかも長命で、隆信の存命中まで生き続けて隆信の家督相続の道筋をつけたとされている。実際、家兼は近年の戦国武将のカードゲーム類にも登場するなど、メジャーな人物として位置づけられている。しかし、その事蹟はやはり近世の編纂物で語られることが多く、実像は未だ明らかになっていない。すなわち、家兼も隆信と同様に、「歴史上よく知られているが実際にはよくわからない人物」と判断できる。

そこでここでは一次史料をもとにして、家兼の動向とその実像を明らかにしていこう。なお、家兼は出家して剛忠と名乗るが、本書では煩雑さを避けるため、家兼として論を進めていく。

家兼は室町期の享徳三年（一四五四）に康家の子として生まれたとされており、龍造寺氏の分家として水ヶ江《みずがえ》龍造寺家を創始し、本家は村中龍造寺家と称されるようになる。

村中龍造寺家の家督は、家兼の兄胤家の後、その弟の家和、その子胤和・胤久に継承されるが、実質的権力は家兼が握っていたとされている。

村中龍造寺家の家督は、このように、本当に近世の編纂物がいう胤家→家和→胤和→胤久の順番に継承されたのか疑問であるが、その実否を確認する術はない。ただ、村中龍造寺家の中でも一次史料に確実に登場するのは第1節に登場した胤久からであり、この人物が村中龍造寺家の当主として君臨していたことは間違いない。

胤久は永正年間に村中龍造寺家の家督を継承して、千葉氏の家臣として活動していた。龍造寺氏と千葉氏との関係は享禄年間においても維持されており、享禄三年（一五三〇）の河上社御殿を造営したことを示す棟札に、東千葉氏の興常を大宮司とする中で、龍造寺氏の名が多く記されている。この史料は多くの研究で取り上げられているが、本書でも確認しておこう（「実相院文書」八）。

奉修覆肥前国河上淀姫大明神御殿　　享禄三年寅辰九月廿一日戊甲

右、奉為　金剛聖王　玉躰安穏・大将軍御願円満・本朝泰平・社家国衙人法繁昌、為各願主所奉

修覆如件、

座主兼執行権少僧都増殊

大宮司千葉介平興常

奉行当山衆徒中

長山藤原弥三郎

大工藤原助次郎秀永　少工十八人

音頭山孫次郎

一和尚

代法師権大僧都増海

後周誉法印

学頭権律師増照

宮司大法師増傳

宝琳院十五貫文

宝聚庵《高柳》

龍造寺民部大夫胤久十貫文

同左衛門佐家兼廿貫文

同三郎兵衛尉家門十五貫文

同左衛門大輔

同兵部大夫盛家

高柳今泉孫九郎

為勧進使

武階坊増賀

谷口坊暁鏤

大蔵卿増孝

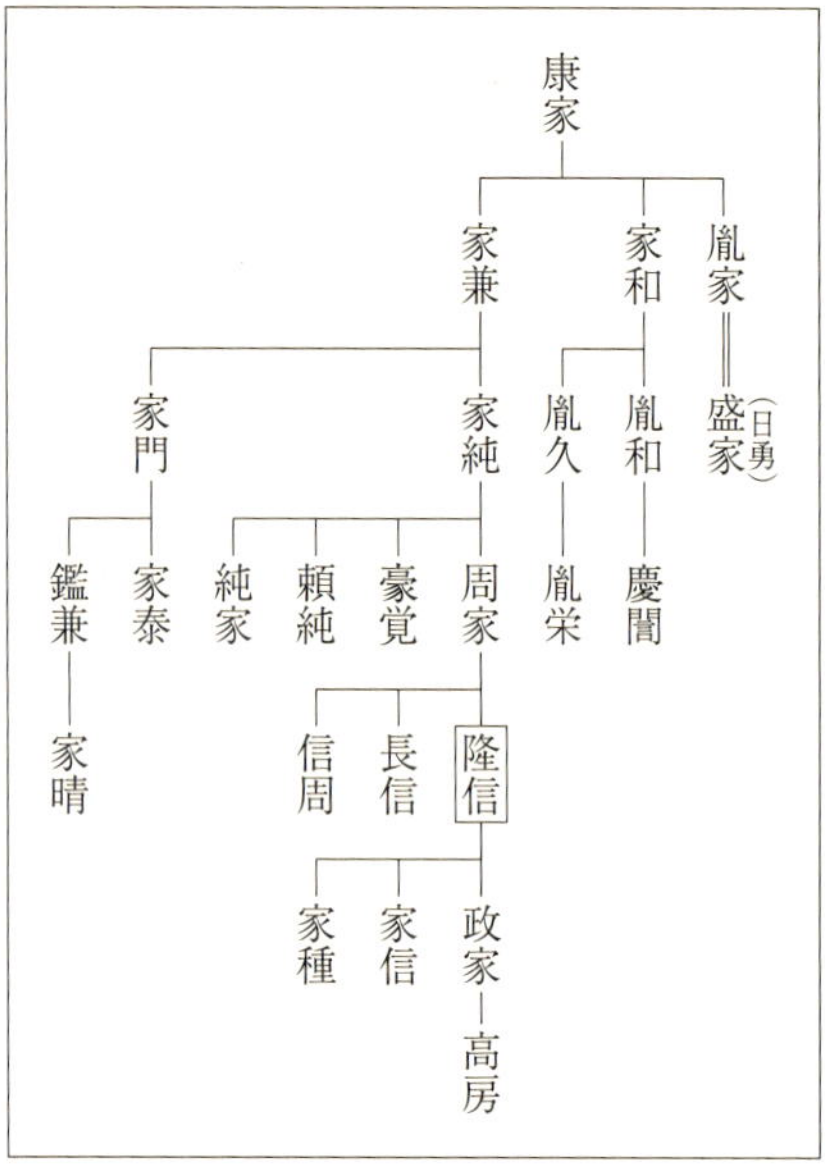

戦国期龍造寺氏略系図

この棟札に関しては、先行研究で指摘されるように、村中龍造寺家の当主胤久をはじめとして、水ヶ江龍造寺家の家兼、その子家門、そして村中家・水ヶ江家と同等の系統にあたる与賀龍造寺家の盛家の名が見える。ここに龍造寺氏一族の一人として家兼が登場することになる。

この棟札で注目すべきは、家兼が子の家門とともに名を連ねていることである。後述するが、家兼は家門との連署でいくつもの文書を発給している。すなわち、家兼を理解するためには、家門の存在にも注目しなければならない。

近世の編纂物によると、家兼には家純・家門の二子があり、家純が嫡子であったとしている。しかし、家純は弟の家門を養子にして水ヶ江龍造寺家を継がせ、家純の子の周家（隆信父）を家門の養子にしたとするものもある。

これらの養子関係を一次史料から確認することはできない。ただ、家兼が子の家門とともに、村中龍造寺家および少弐氏を支えていたことは確認できる。家兼は家門とともにいわば二頭体制を形成して少弐氏・龍造寺氏の運営にあたっていたと考えてよい。

享禄年間における大内氏・少弐氏の抗争と家兼・家門

家兼は主として享禄（一五二八〜一五三二）から天文年間（一五三二〜一五五五）にかけて活躍した人物として知られているが、関係文書を見ていくと、享禄年間では家兼よりもむしろ家門の活動が顕著である。

享禄三年（一五三〇）には、大内氏の軍勢が少弐氏を攻略するために肥前に攻め込んだものの龍造寺氏の軍勢に撃退されるという「田手畷《たでなわて》の戦い」が起こったとされている。この戦いでは鍋島清久（直茂の祖父）が赤熊をつけた兜をかぶって大内氏の軍勢に奇襲をかけるなどの活躍したことが近世の編纂物に記されている。

しかし、本当に「田手畷」で戦いが起こったのか、また鍋島清久の活躍があったのか、一次史料から確認することはできない。そのため本書では、享禄年間における抗争を「大内氏・少弐氏の抗争」と名付けて論を展開していきたい。

この抗争に関しては、龍造寺氏が関与していたことを示す文書がいくつか残されている。関係文書を分析した野下は、当時の龍造寺氏は少弐氏と疎遠になり、状況に応じてさまざまな上位権力と関係を結ぶなど自立的な動きをしていたとしている。

この指摘を踏まえて、筆者は大内氏・少弐氏の抗争における水ヶ江龍造寺家の活動に着目したい。大内氏・少弐氏の抗争は享禄三年に起こったとされるが、その前年にあたる享禄二年（一五二九）に家門は起請文を作成している（「藤龍家譜所収文書」五）。これによると、村中龍造寺家の胤久に対して家門は、不審の儀があれば遠慮なく尋ね申すべきこと、そして永代にわたって親しい関係であるべきことなどを誓っている。

翌年にも家門は父家兼とともに胤久に忠節を誓うことを示す起請文を発給しているが（「藤龍家譜所収文書」六）、その中に「幕之事可為御意侭候」とあるように、幕のことは胤久の意に任せるとしている。ここにみえる「幕」とは陣所で使用する幕を示すと思われる。同じ頃、家門は胤久に対して書状を発給している（「藤龍家譜所収文書」七）。ここには「今度陣立之儀、無余儀入用候間、幕仕立候」とあるように、家門は胤久とともに戦場に出陣する予定であり、これに使用する幕を仕立てたという。すなわち、これらの事例から大内氏・少弐氏の抗争において、家門は胤久に従って出陣していることがうかがえる。

享禄四年（一五三一）、千葉興常は胤久に対して、東千葉氏の衆中に加わっていることを賞した上で、軍勢の指揮を家兼父子に任せるのはやむをえないとする書状を発給している（「龍造寺家文書」一〇二）。この事例から、家門は父家兼とともに出陣しており、興常も龍造寺軍の実質的指揮を家兼父子に任せたことがわかる。

しかし、この文書の発給者である千葉興常は、大内義興の「興」を名乗っていることからもわかるように、そもそも大内氏に擁立された人物であった。そうなると、享禄三年における大内氏・少弐氏の抗争において興常は、自らを擁立した大内氏ではなく、少弐氏側についていた可能性がある。

以上のように、享禄三年における大内氏・少弐氏の抗争において「田手畷の戦い」が起こったのか、鍋島清久による奇襲があったのかは一次史料から確認できなかった。ただ、この戦いにおいて、龍造寺家兼は子家門とともに、主家である村中龍造寺家の胤久に従うかたちで参陣していたことは確かである。

3　水ヶ江龍造寺家誅殺事件の真相

事件の概要

隆信登場以前の段階における龍造寺氏をめぐる大きな出来事としては、隆信の父・祖父などの一族の多くが死去する水ヶ江龍造寺家謀殺事件が挙げられる。

この事件は少弐氏の重臣の一人である馬場頼周が実行犯とされており、家兼の子息家門・家純をはじめ、家門の子家泰、家純の子で隆信の父にあたる周家、その弟頼純など、家兼と隆信を除く水ヶ江龍造寺家の多くが殺害されている。

事件が起こった理由として、近世の編纂物では少弐氏内部において家兼をはじめとする龍造寺氏の勢力が拡大して、これを疎ましく思う少弐氏重臣との勢力争いがあったとしている。

以上が事件のおおまかな概要であるが、この経過は近世の編纂物をもとに記されたものであり、その実像については十分検討されていない状況である。

そこで次からは、この水ヶ江龍造寺家謀殺事件の実態を明らかにしていこう。

天文年間における大内氏・大友氏の抗争と少弐氏

天文年間（一五三二〜一五五五）の初め、大内氏の軍勢が少弐氏・大友氏を追討するために九州に派遣された。これに肥後の菊池氏も大内氏側として呼応したことにより、北部九州の国衆はこの争乱に巻き込まれることになる。

大内氏の目的は度々筑前奪還を図る少弐氏を討つことにあった。当然、龍造寺氏は少弐資元に従って大内氏と対峙したと思われる。これに関して、対馬の宗盛賢は、資元に対して龍造寺家兼について連絡をしたところ、家兼は資元の「御尊礼」を承ったとしており、少弐氏に味方する意思を示していたという（「大永享禄之比御状幷書状之跡付」一五八）。それ以前、盛賢は家兼に対して少弐資元に協力するよう要請しており、同じく少弐氏重臣である馬場頼周と江上孫六に対しても家兼へ本領安堵をしたので少弐氏に味方し、大友氏と協力して大内氏に対抗するよう命じている（「大永享禄之比御状幷書状之跡付」一五九）。

この抗争において、家兼をはじめとする龍造寺氏がどのような活躍をしたのかがよくわかっていない。ただ、「光浄寺文書」には、この抗争に龍造寺氏が関わったことを示す文書がいくつか見られる。天文年間の光浄寺は野下が明らかにしているように、九州探題や少弐氏の崇敬を集めており、諸山に列されている。

光浄寺

この「光浄寺文書」には、大内氏との抗争の際、光浄寺が三根郡一揆を動員したことについて家兼が謝するとともに、寺領経営などを援助することを伝えている。また、村中龍造寺家の胤久も光浄寺が大内氏・少弐氏の抗争、すなわち「国家防戦」の祈禱を行ったことを示す「目録」を送ったのに対して感謝の意を示している（「光浄寺文書」五九・九五）。

このように、「光浄寺文書」を見る限りでは天文年間における大内氏・少弐氏の抗争に龍造寺氏が参加していたのかよくわからないものの、光浄寺などからの援助を得るために奔走していたことは確かであろう。

しかしながら、大内氏の攻勢により天文五年（一五三六）に少弐資元は自害し、東西に分かれて争っていた千葉氏も没落していくことになる。

少弐氏と龍造寺氏の関係

天文七年（一五三八）に大内氏と大友氏との間で和睦が成立するが、この頃、村中龍造寺家の家督は胤久から胤栄に移っており、これを機に少弐氏と龍造寺氏との関係が復活している。
これに関して、天文一二年（一五四三）に千栗《ちりく》八幡宮に奉納された梵鐘銘に少弐冬尚《ふゆひさ》に従属する国衆の一つとして、馬場氏・筑紫氏・江上氏とともに、龍造寺氏の家兼・家門・胤栄・日勇（盛家）の名が見える（「肥前古鐘銘屏風」）。この梵鐘銘は天文年間における少弐氏と龍造寺氏の関係を示す上でよく参照されるが、本書では両氏の関係を示すもう一つの史料に着目したい。

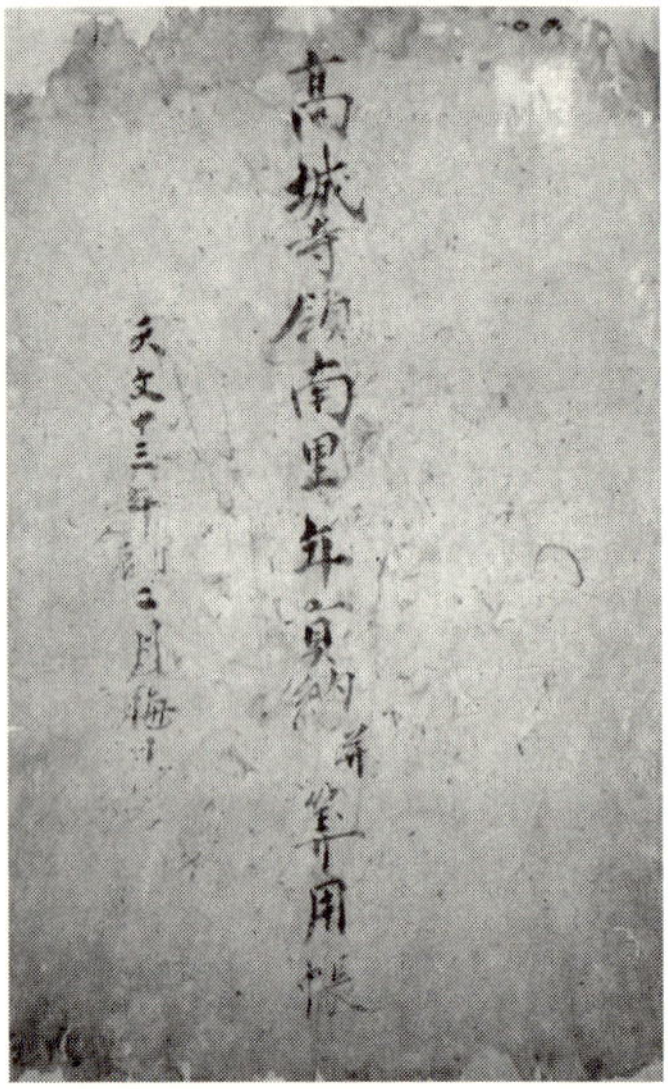

高城寺領南里年貢納幷算用帳

佐賀市の北に位置する春日山高城寺は鎌倉期より幕府や朝廷の崇敬を集めたことで知られる。この寺には天文一三年に作成された「高城寺領南里年貢納幷算用帳」（以下、「算用帳」と略す）が所蔵されていた（『佐賀県史料集成』一一五）。内容は天文一二年（一五四三）一二月晦日から同一三年一二月晦日における高城寺領南里における年貢納に関する決算書というべきものである。

この「算用帳」については、太田順三と馬部隆弘によってすでに詳細な分析が加えられている（太田順三「北部九州の戦国大名領下の村落とその支配」、馬部隆弘「有明海沿岸における条里と開発に関する一史料」)。これらの研究によると、「算用帳」は南里の田数ごとに下地職所有者の名を記す形式が用いられている。この下地職所有者は、太田が指摘するように「諸田」姓の人物が寺領全体の約三〇%を占める。これに加えて「算用帳」には、「龍造寺日勇《（盛家）》」「龍造寺三郎兵衛尉《（家門）》」「龍造寺孫衛門」「龍造寺剛忠《（家兼）》」など、龍造寺氏の主要人物も下地職の所有者であったと記され、その総計は五二反にも上る。馬部の研究にもあるように「諸田」姓の人々の所有である二〇六反と比較すると、その割合はおよそ四分の一にすぎない。しかし、ここから龍造寺氏が本拠地村中城の南側に位置する南里の経営に関与していることは確かめられる。

また、この「算用帳」には南里からの収益がどのように使われたのかについての記述もある。これによると収益の内、一貫文が少弐冬尚に献上され、その一貫の半分の五〇〇文は家兼・家門など水ヶ江龍造寺家に献上されている。

こうした「算用帳」の記述から、天文期における龍造寺氏と少弐氏の関係を垣間みることができる。

右記にみたように、天文年間に龍造寺氏は少弐氏の収益の一部を担っていた。それにもかかわらず、なぜ少弐冬尚は、水ヶ江龍造寺氏一族を謀殺しなければならなかったのであろうか。

事件の実像

この事件は先述したように天文一四年（一五四五）に起きた。少弐氏の重臣馬場頼周により水ヶ江龍造寺家のうち、家兼とともに龍造寺氏を統括した家門と兄の家純が河上で謀殺され、家純の子周家とその弟頼純、家門の子家泰が祇園原で討ち取られたとされる。そして、筑後に逃れた家兼は筑後国

龍造寺頼純（左）・周家（中）・家泰（右）の墓

衆の支援のもとに反攻に出て頼周を討ち取ったとされる。

少弐氏が水ヶ江龍造寺家一族を誅殺した理由について、近世の編纂物では天文年間初めにおける大内氏の侵攻に際して龍造寺氏が少弐氏を裏切ったことや、謀殺の実質的首謀者である馬場頼周が龍造寺氏の威勢を妬いたことを理由として記述している。

しかし、右記で示したように、家兼と家門は光浄寺を通じて一揆を動員していることなどから、天文年間における大内氏の侵攻で龍造寺氏が少弐氏を裏切っていたとは考えにくい。

そうなると、なぜ家兼一族は誅殺されなければならなかったのであろうか。これに関しては次の文書に注目したい（「龍造寺家文書」一四〇）。

「御綸旨　胤久」
「口宣案」

上卿　甘露寺大納言
天文八年六月廿二日　宣旨
　藤原胤久
　　宜任大和守
　　　蔵人頭右大弁藤原（万里小路）惟房

　この文書は大内氏・大友氏の和議が成立した後、後奈良天皇が胤久を大和守に任じたことを示した文書である。野下俊樹はこの文書にみえる万里小路《までのこうじ》惟房《これふさ》の妹貞子が大内義隆の妻になっていたと指摘している。さらに、この文書が出される数日前に義隆の養子恒持が従五位上、周防権介に任じられていることから、胤久の任官は大内義隆の吹挙によると指摘している。すなわち、胤久は大内氏の侵攻が終わった後、少弐資元を死に至らしめた同氏との関係を構築していたことになる。

　こうした状況を背景に、少弐氏は龍造寺氏を討つことを決意したと思われる。しかし、管見の限り、この龍造寺氏討伐に馬場頼周が関与していた形跡は史料にみられなかった。ただ、少弐氏の攻撃により水ヶ江龍造寺家の多くが死去したことは確かである。したがって、この水ヶ江龍造寺氏謀殺事件では水ヶ江龍造寺家の面々の誅殺が注目されるが、実際には村中龍造寺家も含む龍造寺氏一族すべてを対象としたものであり、その過程で村中龍造寺家を補佐する水ヶ江龍造寺家の多くが戦死したと考えられる。

　その後、野下が指摘するように、村中龍造寺家の胤栄は筑前へ逃れて大内氏に庇護され、天文一五

龍造寺家兼の墓

年に胤栄は少弐氏を討つ。その際、胤栄は大内氏より「肥前国代官」に任じられている（「後藤家文書」一八、「龍造寺家文書」一一二・一一三）。

近世の編纂物では、生き残った家兼による少弐氏への劇的な復讐劇として記述され、隆信登場の前提とされる。実際には龍造寺氏の反撃は胤栄を主体とし、大内氏の救援があったと推測される。この胤栄の反撃に家兼が関与した形跡は史料上見られなかった。ただ、次章でも述べるように、少弐氏を討った後、家兼が重用していた家門の子鑑兼の家督継承の道筋を立てたことを踏まえると、胤栄の軍事活動に家兼も何らかのかたちで関与していたと推測される。

以上のように天文年間に起こった水ヶ江龍造寺家誅殺事件を再検討した結果、この出来事は龍造寺氏と大内氏との関係が成立しつつある状況の中で起こったものであり、少弐氏の討伐対象は水ヶ江龍造寺家のみならず村中龍造寺家を含む龍造寺氏全体であったことがわかった。その後、龍造寺胤栄の反撃により少弐氏の勢力は敗れ、大内義隆によって胤栄は「肥前国代官」に任ぜられていることから、少弐氏反撃の主体は胤栄であったと考えられる。

龍造寺胤栄の死と隆信の登場

少弐氏を破って天文一六年（一五四七）に佐賀に戻った胤栄は河上社に対していくつかの文書を発給している。その具体的内容は、すでに宮島・野下によって明らかにされている。

これらの研究によると、河上社のもつ「在国司」職を胤栄が譲渡された文書がみられるという（「河上神社文書」二二一）。すなわち、千葉氏の河上社・国衙に関する権限を龍造寺氏が継承したというのである。

このように、少弐氏討伐後の龍造寺氏は天文年間において衰滅した千葉氏の諸権限を吸収したが、胤栄は天文一七年（一五四八）に死去している。胤栄には嗣子がなかったため、水ケ江龍造寺家の家督を受け継いだ隆信が村中龍造寺家の家督も継承する。

継承の際、大内義隆は「隆」の偏諱《へんき》を与えて、「山城守」の官途を吹挙している（「龍造寺家文書」一一四・一一五）。ここにようやく本書の主人公である龍造寺隆信が登場する。

第三章　龍造寺隆信の登場

1　龍造寺隆信の家督継承と内部抗争

前章では、隆信が胤栄の家督を継承するまでを論じたが、隆信への家督継承はすんなりと進んだわけではない。そこで本章では隆信が龍造寺氏の家督を継承する過程を詳らかにしていきたい。

龍造寺鑑兼の家督継承

隆信の家督継承には生き残った家兼が関わっていたようだと近世の編纂物は記している。しかし、家兼は前章でも明らかにしたように隆信の祖父家純ではなく、その弟家門を重用していた。天文一四年（一五四五）に家門とその嫡子と思われる家泰は戦死したものの、家門のもう一人の子息鑑兼が存命していた。また、鑑兼からすると隆信は従甥であり、それを踏まえると鑑兼が龍造寺氏の家督を継承する方が順当である。

実際、鈴木敦子は水ヶ江龍造寺家の家督が鑑兼に継承されたと指摘している。鈴木はこの見解を近世の編纂物や、大内氏の重臣陶《すえ》隆房（晴賢《はるかた》）が水ヶ江龍造寺家の家督を鑑兼が継承した経緯について肥前国衆の江上氏に尋ねた事例から導きだしている（鈴木敦子「龍造寺隆信の龍造寺家家督継承問題」）。

鈴木の見解にもかかわらず、なぜ隆信が龍造寺氏の家督を嗣ぐことになったとするのか。これについては、「多久家文書」に次のような文書が残されているので検討しよう（「多久家文書」六五〇）。

なを〳〵わりなくきこしめし《聞召》わけられ、かたしけなく候、又ちうせつ《忠節》も、ふちうも、いらさるよし候、ちうせつこそたち申へく候よし、そんし《存》候へ、とかく《兎角》御身つからにて申上へく候、あきかね《鑑兼》御身躰事、かう忠《剛忠》御すちめ《筋目》ゆへに、なに《何》とやとそんし《存》候まゝ、さま〳〵《様々》そん《存》のむつかしき御事、申まいらせ候に、かのけちのふん《彼下知分》御さり候よし、うけ給候、めてたふこそ候へ、くれ〳〵、かう忠御ゐやしき《居屋敷》を、いぬのふしとになし候ハヽ、われ〳〵《我々》共見まいらせ候する事、くちおしく《口惜》候まゝの事にてこそ候へ、かの心中に、なさけのこるき候ハす候、いよ〳〵しかるへきやニ御ふんへつ《分別》あるへく候、なお〳〵、ことはに申上候、

かしく

たね《胤》栄（花押）

ふせんのかミ

「（墨引）

あねさま御返事　御中給へ　　たね栄　」

前章でも述べたように天文一七年に胤栄は死去するため、それ以前の段階で発給された文書と思われる。この文書は胤栄が「あねさま」という人物に発給したものである。この「あねさま」とは胤栄の姉で隆信の母である後の「慶誾尼《けいぎんに》」のことを指す。この文書では鑑兼について、剛忠（家兼）の筋目であるものの、いろいろと難しい問題が起こっているため、鑑兼が下知分を去り渡す、すなわち鑑兼が継承していた家督を放棄することを喜んでいると記されている。右の文書にある「むつかしき御事」について、鈴木は鑑兼と龍造寺一族との間で不和が生じていたとしているが、筆者が調べた限りその形跡はみられなかった。また、胤栄は鑑兼が家督を放棄して以後も、鑑兼を見守る姿勢を見せている。

かたや、胤栄は「あねさま」に対して、鑑兼を守ることについて協力するよう求めた書状を発している（「多久家文書」六五一）。

右に挙げた文書から、当初は鑑兼が龍造寺氏の家督を継承していたこと、鑑兼から隆信へ家督が変更した経緯を読み取ることができる。また家兼と胤栄は鑑兼を後見していた可能性がある。

この時の隆信はどういった状況にあったのであろうか。

隆信の前半生

隆信は享禄二年（一五二九）に、家兼の孫周家の子として水ヶ江城で生まれたとされている。幼少期に出家すると村中城の南に位置する宝琳院に入って圓月と名乗り、叔父にあたる豪

隆信が住職であったことを示す塚

覚のもとで養育されたらしい。イエズス会の記録でも隆信が龍造寺氏の家督を継承する以前は僧侶であったとしているから、隆信が出家していたことは間違いない（一五八四年八月三一日付ルイス・フロイスの書簡『イエズス会士日本年報』下巻）。

川副義敦は少年期の隆信が腕力の強い少年であったことを、エピソードを交えながら明らかにしているものの僧侶としての隆信の具体的な活動を一次史料に見出すことはできない。ただし宝琳院を訪ねると、隆信が同院の住職であったことを示す塚が今でも残されている。

これを踏まえると、少年期の隆信は腕力が強いというよりも、僧侶として優れた人物であった可能性が高い。隆信は、幼い頃は僧侶として生きていくことを宿命づけられていたと思われる。

それ故に天文年間に少弐氏が龍造寺一族を攻めた際、討伐の対象にされなかったと考えられる。また、優れた僧侶であるため後に龍造寺氏の家督を継承したと考えることもできる。

隆信の家督継承

すでに鑑兼が家督を継承していたにもかかわらず、なぜ隆信が水ヶ江龍造寺家および村中龍造寺家の家督を継承することができたのであろうか。

これに関して川副は、一族・老臣の話し合いで隆信が家督を継承することが決まり、神意を問う意味で龍造寺八幡宮において三度にわたり鬮《くじ》を引いたところ三度とも圓月（隆信）に落ちたため、還俗させて家督を継承することが決定したという。

この見解もやはり近世の編纂物をもとにしたものであるため、隆信が家督継承する過程を直接的に示した一次史料で確認する必要がある。しかしながら、筆者は関係史料を見出すことができなかった。したがって隆信の家督継承については、推測を交えて述べるしかない。

確かなことは、鈴木が指摘するように、水ヶ江龍造寺氏の全所領は必ずしも鑑兼に譲られたわけではなく、鑑兼と隆信の弟長信に二分割されている（鈴木敦子「龍造寺隆信の龍造寺家家督継承問題」）。ここから、隆信は僧侶の身でありながら、家督を継承する正当性を有していたことになる。

また、少弐冬尚《ふゆひさ》を撃破したものの、その勢力が未だ肥前国内に健在であったことも隆信の家督継承と関係する。さらに、隆信は天文一九年（一五五〇）に義隆の偏諱《へんき》を受け「山城守」に吹挙されたのであった。

こうした状況を踏まえると、龍造寺家中で、鑑兼では少弐氏に対抗することが難しいと考えた者がいたのかもしれない。加えて、大内義隆が龍造寺氏の家督問題に介入し、隆信への家督継承が成立したと推測することもできる。

鈴木は、隆信は最初「胤信」を名乗った後、大内義隆の「隆」をもらい「隆胤」を、そして「隆信」を名乗ったとする。しかし、筆者が確認した限り、隆信が「隆胤」「胤信」を名乗った形跡は見られなかった。ただ、胤信の「胤」は千葉氏の偏諱であること、隆信が村中龍造寺家を継承していることから、短期間であれ「胤信」を名乗っていた可能性は十分にありえる話である。

龍造寺氏内部の抗争

隆信が家督に収まったものの、龍造寺氏内部では不平分子が存在していた。これにより隆信と鑑兼との間で家督をめぐる争いが生じている。

家督争いが生じた背景には、隆信擁立を後見したと推測される大内義隆の滅亡も関係している。中国・九州北部に勢威を振るった義隆は天文二〇年（一五五一）に家臣の陶晴賢の謀反により死去し、その領国は大きく混乱する。鑑兼の挙兵は、このタイミングを見計らって起こしたものであった。また、隆信が家督を継承した頃、龍造寺氏を牛耳っていた胤栄・家兼が相継いで死去した。この状況も家督争いが起こった要因の一つとして挙げることができるであろう。

龍造寺氏内部で生じた家督争いについて、近世の編纂物はその詳細を記している。それによると、天文二〇年、鑑兼を擁立する土橋栄益らによって隆信は筑後に追いやられたものの、蒲池氏の支援を受けた隆信の反撃により、逆に鑑兼が追放された。しかし、隆信は鑑兼を赦免して、内部抗争は終束したというのである。

この家督争いに関してはいくつかの史料が存在する。

例えば、鑑兼は天文二一年（一五五二）に河上社に対して、佐賀郡龍造寺の田地七反を寄進したり、肥前国内の崇敬を集める光浄寺の堂舎の再建を約束した書状を発給したりするなど、龍造寺氏の家督を継承したかのような動きを示している（「河上神社文書」一八五・「光浄寺文書」六二）。

鑑兼は「鑑」を名乗っていることから、鑑兼は大友義鑑の偏諱を受けた可能性がある。実際、大友義鑑は天文五年（一五三六）に村中龍造寺氏の胤久に筑後国内の所領を与えている（「龍造寺家文書」一〇七・一〇八）。これらの事例から、鑑兼は大友氏の支援のもと龍造寺氏の家督を継承できたと推測することもできる。

しかし、天文二一年には鑑兼と大友氏との具体的な関係がみえないこと、さらに当時の大友氏は義鑑が家臣に暗殺され子の義鎮が家督を継承して肥後における菊池義武の蜂起に対処しているという状態にあり、鑑兼への支援は難しかった。そのため、鑑兼と大友氏の関係については、慎重に論じるべきである。

話を龍造寺氏の家督争いに戻そう。この争いに関して、鑑兼は次のような書状を発給しているので検討していきたい（「多久有之御書物写」六八）。

返々、我等還住之儀、内々御心懸頼申候、何様、折々詫言可申候、此由、長信御母儀様へ具ニ御披露頼申候、又我等被官之者共、少々其あたりニ可致隠住候哉、各御心得を以、無異議様、有度候、自然、蓮池方之牢人とおほされ候而ハ迷惑候故、山城守〔隆信〕殿へ帰参いたし、御用ニ可罷立候間、扨者さのミかく心も有間敷候、此儀専一頼申候、態用一書候、仍我等在国之儀、至隆信、鹿遠(鹿江兼明)雖口能候、終無御納得之、手切候、げにも近年企不儀、各別之上ハ、当時強而不及詫言、先一旦遠旅候、於于今ハ深々敷非を改、先祖以来之筋目順路を可相守覚悟之外、一毛不存別儀候条、何様方角より不差置、折々還住之儀、可申嘆候、併又、万一佐神之間ニ悪事出来候而、若々隆信・長信難之子細候ハヽ、其時ハ明日成共馳参、相当之御用ニ立、此前之不儀不堪を可相晴地盤候、尤於御同意ハ、尽未来際、不可存異儀候旨、以罰文、一途ニ可申談候、乍恐、以御真実、被加御不便候者、大小事、隆信・長信江、令随身、一方之御手をひき申、文箱をも腰ニ付、涯分可致奉公候、諸神八幡、非当意表裏之申事ニ候、先年親ニ候者、一乱之刻ハ年若候条、不弁善悪候、其上剛忠被居候之間、無気遣候つる、此度自分之折角、殊ニ当郡を立去候事、名残惜候、一両日中他出候条、為暇乞、委細申候、露命なからへ候ハヽ、目出度可遂参会候、恐々謹言、

十月廿六日　　　　　　　　鑑兼判

鷲崎主殿允殿
慶賀入道殿
村山内蔵助殿
石井藤兵衛殿
御宿所

この文書は家督争いがほぼ終束した天文二二年（一五五三）頃に発給されたものと思われる。内容を見ていくと、鑑兼は隆信を遠くに追いやったことに対して謝罪するとともに、もし隆信と長信を脅かす悪事が起こった場合は馳せ参じるなど、隆信に忠節を尽くすことを示している。さらに、鑑兼は佐賀郡を追放されている状態なので戻ることができるよう隆信・長信の母慶誾に取りなすよう依頼していることもわかる。

書状から、鑑兼は隆信を佐賀から追放することに成功したものの、隆信の反撃により鑑兼が逆に追放されたので、佐賀に戻ることができるように隆信に謝罪していることがわかる。

史料では、隆信と鑑兼の抗争に土橋栄益が関与したのか、隆信が筑後に逃亡したのか確認できなかった。しかし、隆信を追放した鑑兼が一時期は龍造寺氏の家督を継承したかのような活動を示したこと、そして隆信の反撃により佐賀を追放されるも謝罪したことは確かである。

結局この謝罪が功を奏したのか、鑑兼は隆信に許されて佐賀に戻っており、子の家晴は後に龍造寺氏の重臣として活躍し、鑑兼の子孫は後述するように諫早《いさはや》龍造寺家（後の諫早鍋島家）として存続することになる。

こうして隆信はこの家督争いを克服し、龍造寺氏の家督継承者としての地位を確立することになる。

2　隆信の勢力拡大と大友氏

天文年間の龍造寺氏内部の家督争いを克服した隆信が次に着手したのは少弐冬尚の討伐であった。

少弐氏の滅亡と隆信

この少弐氏滅亡については、堀本一繁によって詳細な分析が加えられている（堀本一繁「少弐冬尚滅亡に関する一考察」）。したがって、本書では堀本の見解に則って論を進めていく。

前章でも明らかにしたように、龍造寺氏はかつて少弐氏重臣の一人として、没落著しい少弐氏を政治的にも経済的にも支える存在であった。

しかし、天文一四年の冬尚による龍造寺氏攻撃をきっかけに、龍造寺氏と少弐氏の主従関係は壊れ、胤栄・家兼の攻撃により少弐氏の勢力は衰退した。ただ、少弐冬尚は完全に衰滅したわけではなく、勢力の実態はわからないものの、肥前国内にいた。川副義敦によると、冬尚は肥前国内で小城郡の晴気城から神崎郡の勢福寺城に向かったと記しているが、それぞれの城に所在していたのかを確認することはできなかった。

永禄元年（一五五八）一一月、隆信は神代勝利・江上武種と連署して河上社に願文を捧げている。この願文について川副は、深手を負った少弐冬尚が江上武種にすがった際、河上社に隆信・勝利と連署の願文を捧げていた武種はやむなく冬尚の要請を拒否したとしている。

少弐冬尚の墓

これに対して堀本は、むしろ武種は冬尚の討伐に積極的に関与していたと指摘した上で、河上社に捧げた願文は、隆信・武種・神代勝利が少弐冬尚討伐に合意したことを表明すると位置づけている。

願文を捧げた一ヶ月後にあたる永禄二年（一五五九）一月に冬尚は死亡している。堀本の論に従うと、少弐冬尚は龍造寺氏をはじめとするかつての家臣によって滅ぼされたことになる。

ただ、当時すでに権力の実態がほぼなく虫の息にも等しい冬尚を、なぜ隆信をはじめとする肥前国衆は攻撃する必要があったのであろうか。

冬尚の死に関して堀本は、肥前支配を目論む大友氏の関与があったとしている。実際、天文二二年（一五五三）に大友義鎮（宗麟）は室町幕府に肥前守護の地位を望んでおり、翌二三年にこれを認められて肥前守護に補任されている。すなわち、大友氏が肥前の支配権を握る上で、少弐氏が目障りになったというのである。

しかしながら、肥前の支配権を掌握しようとする大友氏は、自らの権力で少弐氏を討伐するのではなく、なぜ隆信をはじめとする国衆を用いる必要があったのであろうか。

大友氏の思惑には、毛利氏が永禄元年（一五五八）より石見銀山をめぐって尼子氏と争っている間に、大友氏は新たに獲得した筑前・豊前の支配を固める必要があったことも関係していた。現に大友氏は永禄二年（一五五九）に豊前への出兵を進めていた。すなわち当時の大友氏が肥前に干渉できない状況にあったことも影響していたと考えられる。

次に大友氏が国衆を用いて少弐氏を亡ぼした理由を肥前国内の事情から明らかにしていこう。

隆信の勢力拡大

少弐氏を滅ぼした頃の隆信は、周辺国衆との抗争を繰り広げながら、肥前国内に着実に勢力を拡大している。

例えば、隆信は家臣石田進士允に本拠地村中城の南側にあたる川副荘、そして千葉氏の旧領である小城郡の所領を与えている（「小城藩士佐嘉指出古文書写」）。同じく家臣の水町氏に対しては小城郡内の地を与えている（「小城藩士佐嘉指出古文書写」五二）。

一六世紀初めの頃、龍造寺氏は佐賀郡に加えて、千葉氏との関係により小城郡に勢力基盤を確立していたことはすでに指摘した。佐賀郡・小城郡の二郡に及ぶ所領を隆信も維持していたことになる。

少弐冬尚の討伐では協力していた隆信と神代勝利であるが、その後は再び対立するようになる。隆信と勝利の抗争は川副が詳細に述べているように結局は和睦が成立して、戦いは休戦となっている。その休戦の仲裁に入ったのが大友氏であった。永禄二年（一五五九）九月、大友氏重臣は隆信と勝利の争いを仲裁するとともに、大友氏に異心なきよう誓わせる内容の起請文を発給している（「永野御書キ物抜書」一四〇）。

この状況を踏まえると、大友氏は肥前国内における国衆の紛争を終らせて自らの支配のもとに結集させるためにも、国衆を用いて少弐冬尚を攻撃したと考えることもできる。しかし、実際には大友氏の意に反して国衆間の争いが止むことはなかった。

争いの中で、隆信は神代氏との抗争を優位に導くため、肥前国内外の国衆との関係を形成している。例えば、佐賀郡の空閑《くが》氏をはじめとして（「永野御書キ物抜書」一四五）、肥前西部を拠点とする西郷氏（「永野御書キ物抜書」一〇九・一一〇）、さらに筑前早良郡の山間部を拠点とする曲淵《まがりぶち》氏（「永野御書キ物抜書」一三五）、同じく筑前高祖を拠点とする原田氏などとの関係が挙げられる（「永野御書キ物抜書」一〇一）。

なぜ隆信は筑前国衆との関係を形成することができたのであろうか。

話は遡るが、天文二〇年（一五五一）に大内義隆が死に追い込まれた頃、義隆にかわり大内氏の実権を握った陶晴賢は、隆信に対して筑前南部の秋月種方と相談の上、筑前国内の混乱に対応するために同国へ進出するように命じている（「多久家有之候御書物写」七六）。すなわち隆信は筑前侵攻の名義を晴賢から得ていたのである。だから、筑前国衆の中には隆信と関係を形成し同盟する姿勢を示す者が存在していたと考えられる。

この頃の隆信は、肥前国内外の国衆と抗争・同盟を展開するばかりでなく、京畿内の勢力とも関係を形成していた。

「藤龍家譜所収文書」をみていくと、比叡山延暦寺とその地主神を祀る日吉社との関係を示す文書がいくつか存在する。例えば、隆信は永禄五年（一五六二）頃、平安時代の寛和元年（九八五）に入寂した元三大師《がんざんだいし》（良源）の忌日に日吉社楞厳院《りょうごんいん》で行われる元三会の法会に捧げ物を割り振られていた。この割り振りに対して隆信は黄金を延暦寺に捧げており、これを賞されている。また、延暦寺は末寺である板東寺を隆信が庇護していたことに謝している（「藤龍家譜所収文書」九〜一二）。

こうした状況の中で、隆信は刑部大輔を望む鶴田賢五郎に対して、その取りなしをする吹挙状を発給している（「鶴田家（庶流）文書」九四）。

さらに隆信は、永禄四年（一五六一）に家臣の石田氏に対して三根郡下村と江見《えみ》の所領を与えている（「小城藩士佐嘉指出古文書写」）。東肥前にあたる三根郡は少弐氏の一族である横岳氏が支配していた。横岳氏は代々三根郡代として同郡の支配権を有していたのだが、先述のように少弐氏が滅亡した後、横岳氏は大友氏に属していた。これを隆信が侵害していたことになる。

このように、大友氏は肥前守護に任ぜられ、少弐冬尚を死に至らしめることに成功しているが、その中で国衆の一人にすぎなかった隆信は勢力を徐々に拡大していったことがわかる。しかも隆信は大友氏の支配の範疇に収まることなく、独自の活動を進めていたことになる。すなわち、国内外の国衆との関係を形成するとともに、国衆の官途を吹挙し、さらに国内の国衆領を侵害しているのである。こうした活動が、永禄・元亀年間における大友氏との対立・抗争につながる。

永禄年間の争乱と龍造寺氏

大内氏滅亡後に大友氏が筑前・豊前を接収して北部九州を席巻したかにみえたが、永禄年間（一五五八〜一五七〇）には中国地方の毛利氏が九州に侵攻して、大友氏と熾烈な抗争を繰り広げることになる。

大友氏と毛利氏の争乱のきっかけは、永禄五年（一五六二）に筑前の実質的支配を任された高橋鑑種が毛利氏に寝返ったことにある。この寝返りに筑前に復帰した秋月種実も加わることによって、争乱は九州北部一体に広がる。

争乱の拡大を防ぐため、永禄一〇年（一五六七）に大友宗麟は戸次《べっき》鑑連《あきつら》（後の道雪）を筑前に派遣したが、休松《やすみまつ》の戦いで敗退し、反大友氏勢力は勢いづいていく（中村知裕「永禄・天正期九州の争乱と秋月種実」）。

この争乱の間に、隆信は周辺国衆との抗争を展開している。例えば、隆信と対立関係にあった神代勝利の子長良を攻撃している（「川久保差出」六・七）。また、永禄九年（一五六六）には藤津郡に進出して、島原半島を本拠とする有馬氏と対峙している（「鶴田家（嫡流）文書」四）。すなわち、隆信は大友氏配下の国衆であるにもかかわらず、肥前国内の国衆と私戦を繰り返していたことになる。

他国の国衆との関係をみていくと、永禄一二年（一五六九）、隆信は筑後下田城主の堤氏に小城郡内の所領を与えた事例がみえる（「堤家文書」一）。堤氏は大友氏が支配する筑後の国衆であり、長らく大友氏に従ってきたが、この時に隆信は所領を与えることによって筑後国衆を味方に引き入れる動きを示していたことになる。

このように、大友氏は隆信を神代勝利・江上武種と同等の国衆として扱い、その抗争を止めさせようとしていた。しかし、隆信は大内氏の混乱と大友氏の勢力拡大を契機に独自の動きを見せる。これにより、大友氏は隆信を討伐の対象としてみなしはじめる。

その後、大友氏は龍造寺氏の討伐を開始するが、その詳細は次章で明らかにしていこう。

第四章　龍造寺隆信の勢力拡大

1　大友氏との抗争

龍造寺氏・大友氏の抗争の概要

前章では、大友氏が隆信を攻撃の対象とする過程を明らかにした。この隆信と大友氏の抗争はしばしば「今山の戦い」とよばれ、隆信の人生を語る上でのクライマックスの一つに数えられている。

近世の編纂物によると、この抗争は大友氏の大軍に本拠地村中城を取り囲まれた隆信が、起死回生の一手として鍋島直茂（その名は信昌・信生・直茂と変わるが、本書では便宜上、直茂を用いる）を派遣して、今山に在陣する大友親貞に奇襲をかけて討ちとった。この勝利により隆信は大友軍を撤退に追い込むなど、龍造寺氏の勝利が喧伝されてきた。

しかし、序章でも述べたように堀本一繁はこの戦いにおける龍造寺氏の勝利はあくまで局地なものであり、大友氏の肥前支配がその後も続いていることから、大局では大友氏の勝利であるとしている。これに対して宮島敬一は、大友氏の肥前支配が龍造寺氏・大友氏の抗争後も続いていたのか疑問を呈している。

したがって、本章では龍造寺氏・大友氏の抗争の実態を明らかにするとともに、この抗争がどちらの勝利であったのかについて筆者なりの見解を示していきたい。

「今山の戦い」という名称

龍造寺氏・大友氏の抗争は一般的に「今山の戦い」として知られており、現在にまで受け継がれている。

それにもかかわらず筆者は本章の冒頭から、「今山の戦い」という名称を用いず、「龍造寺氏・大友氏の抗争」を用いて論を展開している。筆者が「今山の戦い」を使わないのには、それなりの理由がある。

第一に挙げられるのは、抗争の期間である。「今山の戦い」は元亀元年（一五七〇）八月であるが、それ以前の永禄一二年（一五六九）三月から龍造寺氏・大友氏の抗争は続いている。両氏の抗争は後述するように一度休戦期間があるものの、約一年以上にわたって続いていた。すなわち、「今山の戦い」は龍造寺氏・大友氏の抗争のあくまでも一齣にすぎないのである。

もう一つの理由としては、抗争が展開された場所が挙げられる。後述するが、両氏の抗争は今山のみならず巨勢《こせ》・田手《たで》、さらに有明海に注ぐ河川流域でも展開されるなど肥前の各所でみられる。そのため「龍造寺氏・大友氏の抗争」を「今山の戦い」と限定するのは、些か無理が生じることになる。

以上の理由により、本書では「今山の戦い」を「龍造寺氏・大友氏の抗争」に改めた。ただ、今山での戦いは実際に起こっているので、「今山の戦い」をまったく排除するのではなく、「龍造寺氏・大友氏の抗争」における一つの戦闘として扱うことにする。

鍋島直茂の勲功を示す史跡

なぜ龍造寺氏・大友氏の抗争は「今山の戦い」として現代に受け継がれているのでろうか。その理由としては、後に龍造寺氏の家督を継承し、近世佐賀藩の基礎を築く鍋島直茂の存在を顕彰する意味もあったと考えられる。

実は龍造寺氏・大友氏の抗争以前の段階において、鍋島氏には直茂の兄信房という人物がおり、父清房とともに活動していた。すなわち、当時の直茂はあくまで父清房の次男であり、必ずしも鍋島家の家督を継承することが約束されていたわけではなかったのである。

ところが、龍造寺氏・大友氏の抗争を境に、龍造寺氏にとっての直茂の地位は著しく向上し、やがて龍造寺氏の権力を凌駕することになる。

つまり龍造寺氏・大友氏の抗争は直茂飛躍の一因となっている。

佐賀市には、龍造寺氏・大友氏の抗争における直茂の戦功を顕彰する史跡がいくつか残されている。

例えば、佐賀市鍋島町森田というところに勝楽寺がある。この寺の開基はよくわからないが、言い伝えによると龍造寺氏・大友氏の抗争の際、鍋島直茂が今山に向かう途次に勝楽寺に立ち寄り、竹を伐って旗竿を作り武運を祈願したとされている。また、「今山の戦い」で大友親貞の首級をあげた成松刑部大輔の使用した槍が寺宝として保存されていたが、現在では所在不明になったという。

勝楽寺

鍋島町森田にある勝軍稲荷神社は鎌倉期に建立されたと伝えられており、「勝軍」の名にあやかり、武運長久を祈っての参拝者も多かったと思われる。ここは龍造寺氏・大友氏の抗争の際、直茂が戦勝祈願をしたといわれている。

もう一つ、新庄神社を挙げておきたい。この神社も勝軍稲荷神社・勝楽寺とともに鍋島町森田に鎮座する。

言い伝えによると、直茂は勝楽寺で旗竿の準備をした後に、新庄神社で勝利を祈願してから今山に向けて出陣したとされる。後年の文禄の役でも、直茂は出陣にあたり龍造寺氏・大友氏の抗争に倣って新庄神社に社参祈願したと伝えられている。

この三つの寺社はいずれも鍋島氏発祥の地とされる現在の佐賀市鍋島町に今もある。これらの寺社やその伝承は、龍造寺氏・大友氏の抗争を直茂を飛躍させる出来事として位置づけ、直茂の活躍を顕彰していることがうかがえる。

2　龍造寺氏・大友氏の抗争の経過

それでは龍造寺氏・大友氏の抗争の経過を具体的にみていこう。

高橋鑑種・秋月種実の反抗を発端に勃発した大友氏・毛利氏の抗争は、永禄一一年（一五六八）に毛利元就の子息吉川元春と小早川隆景が豊前から筑前に侵攻したことにより、毛利氏と大友氏の全面抗争に発展した。

田手合戦と休戦

翌永禄一二年（一五六九）一二月に吉川・小早川勢は九州から撤退するが、それ以前の同年二月、大友宗麟は筑後に出陣し、戸次鑑連《べっきあきつら》（後の道雪）を主将に、筑後・肥前の国衆を動員して肥前に軍を展開している。

これに対して、隆信も神崎郡に軍を派遣しており、大友氏と龍造寺氏の両軍は肥前田手《たで》（蓼）村で交戦している。この戦いでは龍造寺軍は敗退したものの、大友氏は一気に隆信の本拠である村中城へと攻め込むことができなかった（「立花文書」「高良山座主坊文書」「大友家文書録」一五三六）。

その理由としては、同年四月に筑前立花城に吉川・小早川勢が進出していたことが挙げられる。これにより大友氏は隆信を追い詰めることが難しくなったのである。宗麟は吉川・小早川勢への対処を優先したため、永禄一二年四月には隆信との和睦を進めている（「多久有之候御書物写」九・一〇、「田尻家文書」一二六）。

戸次塚《へつぎ》
巨勢村の戦いで戦死した人々を祀ったと伝えられる。

その後、永禄一二年閏五月になると大友氏に頑強に抵抗していた秋月種実が大友氏に降伏し、同年一二月には吉川・小早川勢も九州から撤退している。

この撤退により北部九州の支配権を取り戻した大友氏は、自らの支配を盤石にするために休戦を反故にして本格的に隆信討伐を開始することになる。

巨勢村の戦い

永禄一三年四月、大友勢は隆信の拠点村中城の東に位置する巨勢《こせ》村に軍を展開したが、隆信が多くの鉄砲を用いて反撃したことにより大友軍は逆に多くの死傷者を出して撤退している（「慶應義塾大学所蔵蒲池文書」三、「大倉氏採集文書」・「吉弘文書」・「堀立家証文写」）。

この反撃に対して、宗麟は神代氏・小田氏・鶴田氏・後藤氏など、「肥前の衆」を動員しているが（「永野御書キ物抜書」一四四、「鶴田家（庶流）文書」八八・八九）、加えて宗像氏・麻生氏などの筑前国衆をも動員しようとしていることが風聞で瀬戸内にまで伝わっている（「堀立家証文写」）。

宗麟は有明海からの攻撃も進めていた。具体的には筑後の田尻氏・蒲池氏に兵船を動員させて、有明海から佐賀江川に通じる水上交通を通じて水ヶ江城を攻撃しようとしており、周辺の河川でも龍造寺軍と大友軍が交戦していた（中村知裕「龍造寺氏の軍事活動と軍事ルートの確保」）。

このように、宗麟の動員により北部九州の国衆の大半は敵に回り、隆信はいわば孤立無援の状態に陥っている。

しかし、隆信の側が必ずしも絶望的な状況であったわけではない。これに関して「堀立家証文写」によると、具体的な場所は不明であるが、永禄一三年五月にも川を隔てて大友軍と龍造寺軍の間で抗争が起こったとある。この戦いでは、両軍とも鉄砲を用いて戦闘に臨んでおり、龍造寺軍が大友軍を翻弄したとある（『大日本史料』第一〇編之四）。

この五月の戦闘に関しては、その経過を示す史料が残されていないため、本当に起こったのかどうか実態はよくわからない。宗麟は北部九州の多くの国衆を動員しており隆信を圧倒しているかのようにみえるが、実際には隆信の奮戦により戦線は必ずしも宗麟優位のうちに進んでいない様子をうかがい知ることができる。

こうした状況が生じた要因の一つとして考えられるのは、まず大友軍が筑後・肥前国衆を中心とする軍勢であり、豊後衆がほとんど参加した形跡がみられないことにある。大友軍はいわば烏合の衆ともいえる状態にあったと考えられる。

また、大友軍の指揮系統にも問題があったと考えられる。永禄一二年における龍造寺氏・大友氏の抗争では宗麟自身が筑後高良山に出陣し、歴戦の勇者として名高い戸次鑑連を主将に龍造寺軍を圧倒した。これと比較して、永禄一三年の抗争における大友氏の指揮系統をみていくと、大友氏の系図上どういった位置にあるのかよくわからない大友八郎（親貞ともいわれる）が出陣したことが近世の編纂物ではよく知られている。また、一五七〇年一〇月二五日付ルイス・デ・アルメイダの書簡（『十六・十七世紀イエズス会日本報告集』第三期第四巻）では、戸次鑑連と吉弘鑑理が肥前に出陣したとされるが、実際に布陣して指揮を執っていたかどうかを明確に示す史料は残されていない。このように、永禄一三年の抗争において大友軍の本隊は筑後に在陣していたようであるが、実際の戦場である肥前においては誰が軍勢を指揮していたのかは明確ではない。

おそらく、宗麟としては一度隆信を破ったこともあり、大軍を見せつけることにより容易に隆信が降伏するものと踏んでいたと推測される。しかし、戦況は宗麟の思惑どおりとはならず、あっけないかたちで決着することになる。

「今山の戦い」　龍造寺側の奮闘により戦線が膠着する中で、隆信は均衡を破る一手を打っている。大友軍の主力が陣取る今山を攻撃したのである。ここで龍造寺氏・大友氏の抗争の一つとして名高い「今山の戦い」が起こることになる。

この戦いについて、前述したように近世の編纂物では、隆信が鍋島直茂を大将とする軍勢を派遣し、夜襲を敢行して大友八郎を討ちとったという。

ただ「今山の戦い」に関する史料は極めて少なく、かつ偽文書もいくつか存在する。そのため、史料選びも慎重にならなければならない。その中で筆者は次の文書に注目したい（「鶴田家（庶流）文書」七九）。

追而、此時候間、可然之様其表行□可得御指南覚悟まて候、くわしく返書ニ何編無腹蔵可承候、

態令啓候、仍爰元様躰委敷申遣候、去廿日ニ豊州陣切崩、人数千余切捨申候、然者多久城之儀、輙

今山古戦場の碑

得理運候、是又数十人討果、長信《（龍造寺）》聢在城候、兼日之首尾候之条、被副御心可然候、万寄々之事候之間、貴所御指南ニ可相任候、在々陣于今相ひかへ申候、是又御きつかい有間敷候、はや〳〵《（早々）》通路切中付候之条、難儀之由見え申候、太利可為近々之条、重而吉左右可申入候、此謂因幡守殿へ御入魂肝要候、御心中同様ニ無申迄候、
猶期来慶候、恐惶謹言

　八月廿四日　　　　信昌《（直茂）》

　　鶴越参御宿所

これによると、直茂もこの「今山の戦い」に参加して、多数の敵を切り崩したとある。また、この文書では今山と同時に小城郡多久城に隆信の弟長信が軍を展開しており、城主小田鎮光を破って多久城を占拠し、長信が城に入っている。

「今山の戦い」での直茂の戦功を示す史料は右の文書のみである。そのため、この文書だけで直茂の戦功を断定するのは早計であるようにみえる。しかし、この龍造寺氏・大友氏の抗争をきっかけに鍋島家の次男にすぎなかった直茂が龍造寺氏の重臣として用いられるようになった事実を踏まえると、やはり直茂は「今山の戦い」で大きな戦功を上げたと判断してよい。

また、隆信の家臣である成松氏が大友八郎を討ったことを示す文書が残されているが（「成松家文書」一）、この文書は偽文書であり、大友八郎なる人物はそもそも存在しなかった可能性が高い。

この「今山の戦い」により大友軍は隆信に対して大規模な軍事行動を起こすことができなくなり、隆信追討のために招集された軍は撤収することになる。

3 龍造寺氏・大友氏の抗争で隆信は勝利したのか

第2節では、「今山の戦い」に隆信が勝利して龍造寺氏・大友氏の抗争が終わったことを明らかにした。

大友氏との和睦

この抗争の評価として、これまで隆信の全面的勝利が喧伝されてきたが、先述したように堀本一繁は違う見解を示している。

すなわち、今山で討たれたのは大友軍の一部であり、隆信の勝利は局地的であったとし、この龍造寺氏・大友氏の抗争で勝利したのは、あくまで大友氏だったと判断するのである。大友軍勝利の証拠に、隆信は大友氏重臣に起請文を提出して降伏している。堀本は、その後、宗麟は肥前国内における隆信の所領を安堵した上で、赦免したという（堀本一繁「龍造寺氏の戦国大名化と大友氏肥前支配の消長」）。

現段階において研究者の間ではこの説が採られ、龍造寺氏・大友氏の抗争における「今山の戦い」での勝利が過小評価されるようになった。

しかしながら、次章でも述べるが、龍造寺氏・大友氏の抗争以後、龍造寺氏の勢力が飛躍的に拡大し、やがて隆信が大友氏領国への侵食を進めた事実を踏まえると、龍造寺氏・大友氏の抗争に関する評価については再検討が必要である。

そこで、ここからは堀本の説を改めてみていきたい。

まず「今山の戦い」での勝利があくまで局地的だったという点である。これに関しては次の文書を取り上げよう（「鶴田家（嫡流）文書」二九）。

其以後者、無音之様候、然者、爰許和談落着候而、明日ニ豊州衆悉帰陣候、陣払火色、可為顕然候之条、不及申候、辻者、何篇、我等任存分候様躰、近日、以一人可申候、恐々謹言、

十一月一日　　隆信（花押）

鶴因参申給

これによると、隆信は大友氏との間で和議が成立したので大友軍が悉く撤収したことは明らかであるとしている。この文書から考えると、確かに「今山の戦い」は隆信の局地的な勝利であったのかもしれない。しかし、龍造寺氏・大友氏の間で和議が成立して大友軍が撤収するなど、結果的に約一年間におよんだ龍造寺氏・大友氏の抗争が終束したことを踏まえると、この抗争は大友氏に対する龍造寺氏の優位性を確立するきっかけになったと判断ができる。

この文書では龍造寺氏・大友氏の間で和議が成立したことについて触れているが、これに関して堀本はこれと同時に次の文書も掲げている（「永野御書キ物抜書」八八・一三八）。

起請文之事

隆信事、連々之貞心不可有別儀候処、中国之者共渡海之砌、案外之覚悟、譏人之所行候哉、無心元存、可糺邪正之段、就申出候、無心疎之趣、就申出候、至年寄共、始中終入魂之次第、具令承知候、殊以　神名承候、此時者、更無疑所候条、為宗麟、対隆信・鎮賢、尽未来際不可有等閑候

（中略）

永禄十三年拾月廿三日　　宗麟判

龍造寺太郎四郎殿

龍造寺山城守殿

於自今以後者、尽未来際無変化可励忠貞之由、以　神名承候、感悦候、仍肥前国之内隆信近年裁判之地、聊無相違可有知行、別而可被抽忠儀事肝要候、猶年寄共可申候、恐々謹言、

十月廿八日　　宗麟判

龍造寺山城守殿

これらの文書は、隆信が大友氏の重臣に起請文を提出して降伏の意を示し、これに対して大友氏側が所領を安堵して隆信を赦免したとしている。確かに文書をみると、堀本の見解が正しいように思える。

これで大友氏の優勢と判断できるのであろうか。この点を次に考察したい。

和睦成立後の隆信と肥前国衆

堀本は和議が大友氏優位に進んだ証拠として、大友宗麟が肥前の江上氏と横岳氏に所領宛行《あてがい》を行ったことを挙げる。ただしこの時、宗麟は江上氏・横岳氏のみならず、隆信との抗争を繰り返す神代長良にも所領宛行を行っており、具体的な所領を示す坪付を与えている（「永野御書キ物抜書」八七）。

この所領宛行の事例を踏まえると、大友氏が龍造寺氏・大友氏の抗争を終わらせて以後も肥前に権力を行使しているようにみえる。

ところが、神代長良は元亀二年（一五七一）二月に隆信へ起請文を出して、隆信への忠義を尽くす意思を示している（「永野御書キ物抜書」一四二）。すなわち、それまで隆信と敵対してきた神代氏が、龍造寺氏・大友氏の抗争が終わったことをきっかけに隆信と和睦したのである。和睦以後、龍造寺氏と神代氏の対立は解消し、神代氏は龍造寺氏の家臣として位置づけられるようになる。

同じ頃、筑後海津城主安武鎮教が隆信に対して起請文を出している（「永野御書キ物抜書」一三三）。また、筑後下田城主堤氏は隆信から川副荘内の畠地を与えられるなど（「小城藩士佐嘉差出古文書写」「堤家文書」三）、龍造寺氏と大友氏の和睦に伴って隆信に通じる国衆ができてきた様子がうかがえる。

そこで龍造寺氏・大友氏の抗争後における国衆との関係をみていくため、神崎郡を拠点とする江上氏に着目したい。

先ほど堀本が龍造寺氏・大友氏の抗争以後に江上氏が大友宗麟より所領宛行を受けていたことを指

摘するのを確認した。確かに宗麟は江上氏に対して神崎郡内八〇〇町にも及ぶ所領宛行状と坪付を発給している（「永野御書キ物抜書」九四・九五）。

ところが隆信も龍造寺氏・大友氏の抗争で活躍した葉氏に対して、その戦功として神崎郡内の所領を与えているのである（「小城藩士佐嘉差出古文書写」八）。江上氏が大友氏から神崎郡内の所領を宛行われたことから、隆信の葉氏に対する所領宛行は実効性を伴わない可能性があるものの、隆信は自分の勢力が神崎郡にまで及んでいることを強気で主張したと判断することもできる。

そう判断する証拠に、江上武種は元亀三年（一五七二）、龍造寺氏に降伏して隆信の子（後の家種）を養子に入れたことで、以後、江上氏は隆信に従って活動する（「永野御書キ物抜書」一五五～一五七）。要するに、神代氏・江上氏はこれまで龍造寺氏と同等の国衆として大友氏に遇され、そのうち神代氏は隆信と抗争を繰り広げてきたが、龍造寺氏・大友氏の抗争における隆信と大友氏の和睦をきっかけに、いずれも龍造寺氏の幕下に収まることになる。

龍造寺氏・大友氏の抗争の勝敗

これまで見た内容から、確かに「今山の戦い」は隆信の局地的な勝利であったのかもしれないが、この戦いをきっかけに大友氏と龍造寺氏の間で和睦が成立して、大友軍を撤収させることに成功していると考えられる。

また、大友氏は和睦を喧伝するべく、隆信と対立関係にある国衆に所領宛行を実施しているが、神代氏や江上氏は大友氏ではなく隆信の幕下に収まることになった。

さらに、龍造寺氏・大友氏の抗争以後、肥前国衆のみならず筑後国衆のうち安武氏・堤氏が隆信に誼《よしみ》を通じている。

以上の見解を踏まえると、龍造寺氏・大友氏の抗争で隆信は局地的に勝利したにすぎないが、結果的には肥前における龍造寺氏の優位性を示す結果をもたらしたと考えてよい。

第五章で明らかにするように、龍造寺氏・大友氏の抗争以後も肥前における大友氏の影響力は残るが、隆信は大友氏の存在を無視するかのように軍事活動を展開し、その勢力は東肥前を除く肥前のほぼ全域にまで及ぶ。これは龍造寺氏・大友氏の抗争をきっかけに、肥前に対する大友氏の権力が大幅に縮小したことを意味するのである。

したがって龍造寺氏・大友氏の抗争は、後の経過まで含めて考えると龍造寺氏側の勝利であり、龍造寺氏の勢力を大きく飛躍させるきっかけになったと判断することができる。

第五章　肥前における勢力基盤の確立

1　西肥前方面への侵攻

隆信を取り巻く政治情勢

龍造寺氏・大友氏の抗争により、隆信は大友軍を撤収させるばかりでなく、それまで対立関係にあった国衆を幕下に組み入れ、かつ小城郡多久方面にも進出することによって、佐賀郡・小城郡の支配を確立することになる。

この戦果を足掛かりとして、隆信は主として大友氏に味方した肥前国衆への攻撃を開始する。その対象となったのは須古城の平井経治、武雄塚崎城の後藤貴明、伊佐早（諫早）の西郷氏、松浦《まつうら》郡の草野氏・鶴田氏、そして藤津郡に度々侵攻して隆信と対峙した島原半島の有馬氏である。

隆信の本拠地佐賀郡の村中城は、佐賀郡の平野部の真ん中に位置する。そのため、大友氏のような大勢力が周辺の国衆に動員をかけた場合には、たちまちに取り囲まれてしまう危険性が高いことを龍造寺氏・大友氏の抗争は証明した。

また、村中城の南側には有明海があるため南からの侵攻が難しいようにみえるが、龍造寺氏・大友氏の抗争において大友宗麟は兵船を用いて有明海からの侵攻も実行していたので、海上からの攻撃も想定しなければならない。

こうした経験を踏まえて、隆信も自己の権力を確立させるために、また大友氏の動員によって再び攻撃される事態を未然に防ぐためにも、周辺国衆を武力で圧倒する必要があったと考えられる。

龍造寺氏・大友氏の抗争で大友氏の軍勢を撤退に追い込んだものの、大友氏の勢力を肥前から完全に排除したわけではなかった。その証拠に東肥前の三根郡西島城には横岳氏がおり、大友氏はその西島城を隆信に対する防衛ラインとすると同時に、大友氏は肥前方分を存続させ、数々の命令を下していた。

今山での戦いにおいて龍造寺氏は大友氏に辛くも勝利することができた。しかし、大友宗麟が再度周辺の国衆に動員をかけて乗り込んできた場合、もう一度村中城を攻撃される恐れは十分にあった。すなわち、隆信は大友氏の攻撃を一度は退けたものの、油断できない状況は依然として続いていたのである。

そこで隆信としては、再び起こりうる大友氏からの攻撃を未然に防ぐためにも、まず西側に侵攻して大友氏の動員に応じかねない国衆を各個に撃破する戦略をとったと考えてよい。結果的に隆信は肥前における自らの勢力基盤を確立し、大友氏からの脅威を取り除くことに成功する。

侵攻の経過

まず西肥前侵攻のおおまかな内容を示していきたい。

この時期における肥前の政治情勢を論じたものとしては窪田頌の研究がある。これによると、肥前国衆のうち大村氏と有馬氏は元亀元年（一五七〇）まで毛利氏に味方していたが、イエズス会の仲裁により大友氏に転じた。元亀の頃、大村氏は武雄の後藤氏と敵対していたが、後藤氏は大友氏に味方していた。したがって大村氏は後藤氏との対立を解消することを意図して大友氏側になった可能性もあるが、推測の域を出ない。ここから、当時の龍造寺氏は大友氏に味方する勢力に取り囲まれている状況であったことは間違いない。

隆信による肥前西部の攻略は、須古城城主平井氏の攻略、松浦郡への侵攻、後藤氏内紛への介入、藤津・彼杵郡の平定、島原半島への侵攻という順番で展開される。その過程で隆信は国衆を下すごとに、その領域に勢力を伸ばしていく。これにより隆信は肥前の大半を勢力下に組み入れることになる。

順番を踏まえて、西肥前侵攻の具体的内容を明らかにしていこう。

隆信は天正元年（一五七三）より西肥前侵攻を開始するが、最初に遭遇する敵対勢力は須古城城主の平井経治と武雄塚崎城城主の後藤貴明である。

隆信は平井氏・後藤氏を攻めるのに、それぞれの居城を直接的に攻撃するのではなく、まず大崎村での堀普請、志久村での橋普請を行っている（「多久家所蔵文書」一一、「多久家有之候御書物写」三二、「多久家文書」六〇四）。ここにみえる大崎村・志久村は、敵対する後藤氏・平井氏と接する境目地域であり、戦いに向けて押さえるべき防衛ラインであった。さらに大崎村は志久村の西方に位置しており、

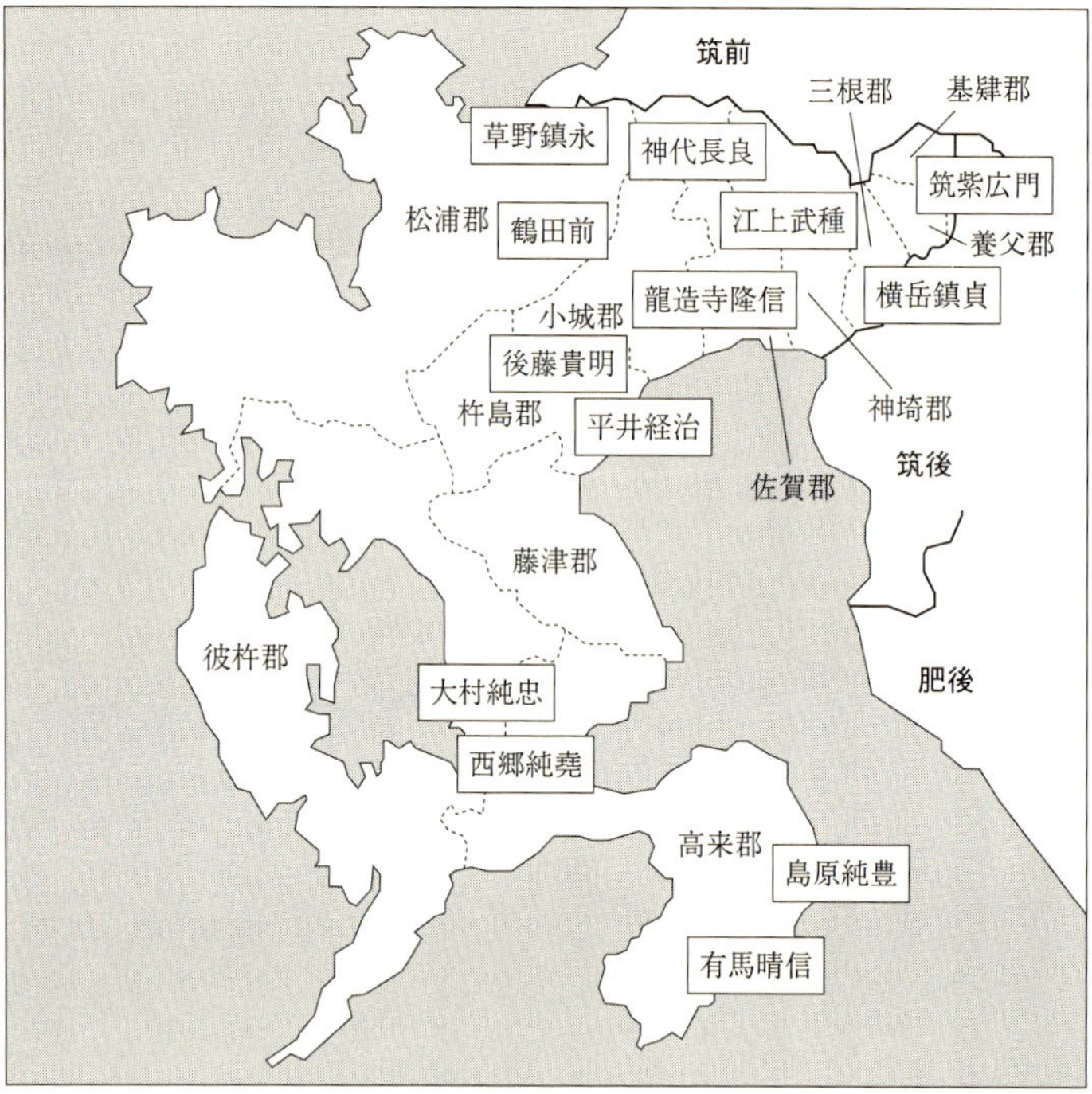
筑前
三根郡
基肄郡
草野鎮永
神代長良
筑紫広門
江上武種
養父郡
松浦郡
鶴田前
龍造寺隆信
横岳鎮貞
小城郡
後藤貴明
神埼郡
杵島郡
平井経治
筑後
佐賀郡
藤津郡
彼杵郡
肥後
大村純忠
西郷純堯
高来郡
島原純豊
有馬晴信

肥前国内の国衆分布

龍造寺氏の本拠地佐賀と多久・武雄を結ぶ陸上交通の要衝でもあった。

特に大崎村の堀普請には、後藤氏・平井氏の攻撃に備えるばかりでなく、武雄方面につながる陸上交通路を押さえる意味もあったと考えられる。この志久村・大崎村における普請は効果を発揮し、後藤貴明の軍勢が志久表に侵攻するも、隆信はこれを退けることに成功している（「多久家有之候御書物写」一二）。

天正元年にまず平井経治を下した隆信は、経治から人質を取った上で、後藤氏との戦いに向けて須古城の修築を進めている（「多久家有之候御書物写」三〇）。修築が終わった後には、後藤氏の侵攻に備えるため、須古城に近接する樺嶋に出城を整えて軍勢を常駐させるよう命じている（「多久家有之候御書物写」三〇）。

隆信が一気呵成に後藤氏を攻略しなかった理由は二つある。一つには後藤氏内部で抗争が起こる可能性があったことが挙げられる。当主後藤貴明は平戸の松浦隆信の子を養子として迎えて惟明と名乗らせていたが、貴明との間で対立が生じており内部紛争が起こりつつあった。すなわち、後藤氏は隆信が手を下さずとも自壊する可能性があったのである。

もう一つは松浦郡の国衆の存在である。松浦郡に関しては鈴木敦子の研究があるが、これによると、隆信は天正元年（一五七三）の段階で波多氏とつながっていた。その波多氏は同じく松浦郡を拠点とする鶴田氏・日高氏と対立関係にあり、同郡の中心的支配勢力である松浦道可・鎮信《しげのぶ》父子は鶴田氏と同盟関係にあった（鈴木敦子『戦国期の流通と地域社会』）。

元亀年間（一五七〇〜一五七三）に大友氏の検使原田可真は、隆信と同盟関係にあった波多鎮が大友氏に降伏したので、鶴田氏に対して草野鎮永ならびに原田了栄と連携の上、隆信と筑前の原田親種を討つよう命じている（「鶴田家（嫡流）文書」四三）。

また、松浦郡と小城郡の境には、後藤氏か鶴田氏かどちらの軍勢かよくわからないが、敵勢が度々龍造寺領に侵攻しており、弟長信がこれに対処していた（「多久家書物」七四）。

この状況の中で隆信は弟長信に対して、次のような文書を発給している（「鶴田家（嫡流）文書」三六）。

急度申候、然者、至松浦・後藤衆、其外平戸・壱州衆・草野衆、一両日中、取懸候由、到来候、此方加勢、無余儀候、行等之儀、彼者含口上候、恐惶謹言、

返々伊賀守慶賀なとへも、可有相談候、不及申候、

十二月十四日　　　　隆信

長信参

すなわち、隆信はこの文書において後藤氏をはじめ、松浦郡の国衆も自分を攻撃してくるとの情報を得たので、長信に加勢する姿勢を示しているのである。

このように隆信は波多鎮を助け、かつ小城郡と松浦郡との境を安定させるためにも松浦郡に侵攻し

なければならなかったのである。

武雄・唐津方面の平定

当時の隆信は、平井氏を下したものの武雄と唐津の二つの戦線を抱える状態であった。天正二年（一五七四）一月、隆信は松浦郡の市河山に着陣するとまず草野氏を攻撃し、同月に鶴田氏の居城獅子《しし》ケ《が》城にも侵攻して平原《ひらばる》で鶴田氏の軍勢を撃破している（「多久家書物」三一・五七）。この後、隆信は一度村中城に帰還している。後藤氏で起こった内紛に対処するためであった。先述したように当主後藤貴明は惟明を養子としていたが、この惟明が天正二年（一五七四）に貴明に対して反旗を翻したのである。

窮地に陥った貴明は隆信に救援を依頼した。これを受けて、隆信は貴明と惟明を和睦させている（「永野御書キ物抜書」一〇六）。貴明は感謝するどころか一度隆信に反抗する姿勢を示したが、結局は龍造寺氏に従属することになった。その際、隆信は貴明に起請文を発した上で（「武雄鍋島家文書」一六）、子息弥次郎を人質として村中城の北に位置する大財《おおたから》村長楽庵の宿所に迎え入れている（「多久家有之候御書物写」二一）。さらに、隆信は自らの子息鶴仁王丸（後の家信）を後藤氏のもとに入れて後藤家の家督を継承させている。この時、隆信は北島万次の指摘にもあるように、後藤氏の家臣団を次々と龍造寺氏の家臣へと編成している（北島万次「天正期における領主的結集の動向と大名権力」）。後藤氏の従属により、隆信は武雄方面の平定に成功する。

武雄方面の平定の際、隆信は藤津郡を攻略することを避けて、長信に命じて猪熊要害を破却し、嬉野方面につながる陸上交通路に近い潮見城の普請を行っている（「多久家有之候御書物写」一六・六四）。

後藤氏を従属させる間、松浦郡では松浦道可や草野鎮永をはじめとする国衆が隆信に起請文を提出するなど、隆信に味方する姿勢を示した（「永野御書キ物抜書」一一八・一二五・一六二）。国衆を押さえ唐津方面の攻略が容易となった隆信は、天正三年（一五七五）に再び鶴田氏の獅子ケ城への攻撃を開始した（「多久家書物」一六）。これにより翌天正四年に獅子ケ城主の鶴田前は戦病死したとされている。前の嫡子賢は隆信の傘下に入り、鶴田氏に追われて各地を転々としていた波多鎮が岸岳城に復帰した（鈴木敦子「戦国時代の松浦地方」）。

唐津方面を鎮圧した隆信は天正四年に伊万里方面にも進出して、鍋島直茂の父清房を鎮圧にあたらせた。結果的に浜城を落として伊万里方面を手中にした隆信は、浜城の普請を長信に命じ、また長信は大河野から材木を調達して伊万里津において造船を行っている（「多久家書物」三二）。

この造船に関して鈴木は、すでに掌握した有明海の海上交通権とともに松浦郡地域の海上交通権も掌握した結果だとしている（鈴木敦子『戦国期の流通と地域社会』）。鈴木は隆信が松浦郡地域の海上交通権を掌握する過程について明らかにしていないものの、この松浦郡の平定により隆信の勢力が肥前北部の海岸域にまで達したことは確かである。

彼杵郡・高来郡への侵攻

隆信は松浦郡に進出していたのと同時期に、長信に藤津表へ進出するよう命じて、この地域をある程度平定している（「多久家書物」五三）。松浦郡を平定すると、隆信も藤津郡に乗り込んでいる。これにより、藤津郡を拠点とする嬉野氏も龍造寺氏に従属することになった。

藤津郡の平定により、隆信は彼杵郡・高来郡への侵攻が可能となった。

彼杵郡の大半は大村純忠が支配していたが、天正四年（一五七六）、純忠は隆信に抵抗しない意思を示して、起請文と人質を差し出している（「龍造寺家文書」一二六、「多久家有之候御書物写」二五）。

彼杵郡平定の後、隆信は伊佐早方面にもその権力を及ぼそうとした。伊佐早には西郷氏が勢力を維持していたが、天正五年（一五七七）、隆信に帰順の意思を示して起請文を提出している（「龍造寺家文書」一二八～一三九）。

天正六年（一五七八）頃、隆信は伊佐早を拠点に高来郡の島原半島への侵攻を開始している。永禄年間より隆信と対立していた有馬氏を攻めるためである。

しかし、彼杵郡で隆信に反抗する勢力が蜂起したため軍を同郡に向けるが、敗北している。隆信敗北との情報を得た有馬晴信（当時の名乗りは鎮純で後に鎮貴から晴信と変わるが、本書では晴信を用いる）や島原純豊らは兵船を準備するなどして龍造寺軍の侵攻に備えている（「横岳文書」一三五）。天正六年六月、隆信は高来郡の北部に進出して有馬氏の軍勢と交戦するものの、敗北している（「横岳文書」一三三）。

このように、隆信は藤津郡を平定した後、西郷氏を降伏させるも、有馬氏および島原半島の国衆の抵抗に遭い、龍造寺氏による西肥前侵攻は一時的に頓挫している。

天正七年（一五七九）になると有馬氏家臣の千々石氏と安富氏が離反して隆信に忠節をつくすことを示す起請文を提出した（福島金治『九州・琉球の戦国史』）。また、外山幹夫によると、隆信に味方した西郷純堯・深堀純賢兄弟の圧迫により、有馬晴信も隆信に臣従したという（外山幹夫『肥前・有馬一族』）。有馬晴信の臣従は前年に大友氏が耳川合戦で敗退したことも影響したと思われるが、結果的に隆信は東肥前を除く肥前の大半にその勢力を及ぼしたことになる。

しかし、なぜ有馬晴信は圧倒的に勢いが盛んな隆信に、あえて抵抗する姿勢を示したのであろうか。その理由としては、有馬晴信が東肥前の横岳氏と連携していたことが挙げられる。これに関する次の文書を見よう（「横岳文書」一二三二）。

其以後者不通ニ相過候、遠路故、乍存候、曾非心疎候、仍去春以来申入候之処、別而御懇報、于今畏存候、弥御入魂所仰候、随而、去三月下旬、到当郡北目、隆信一勢差渡、両口雖相鉾候、遂防戦、味方得勝利候之故、無所詮敗北候、定而可有其聞候之条、不及口能候、従豊州も、去月初、実相坊被差下、重々御懇意之儀、非一候、頃又、以生善寺、蒙仰候篇目共候、旁為御存知候、其堺之儀、鎮恒被仰談、佐嘉表可被取詰御才覚、為自他肝要ニ候、於此堺之儀者、諸方経略無油断候、可御安心候、委曲用口上候之条、省略候、恐々謹言、

（天正六年）六月一日　　　鎮純（有馬晴信）（花押）

横岳殿御宿所

これによると、有馬晴信は東肥前の横岳氏に対して、隆信が差し向けた軍勢を撃破して勝利を得た

ことを報告し、筑紫鎮恒《しげつね》（後の広門）と連繋して、隆信の拠点である佐嘉（佐賀）に侵攻するよう依頼していた。

ここから晴信が東肥前の横岳氏ならびにこれを支援する大友氏との関係を形成していたことがわかる。有馬氏と大友氏との関係については、島原純豊の書状に「鎮純事、近年、至豊州被得貴意候」とあるように（「横岳文書」一二四）、同じ島原半島の国衆である島原氏も両氏の関係を認識していたことがわかる。

こうした大友氏との関係もあり、有馬氏は隆信に抵抗したと考えてよい。同時に隆信としては、一度は撤退させたものの大友氏の影響力が肥前国内に根強く残存していたこと実感しただろう。この認識のもと、隆信は肥前における勢力を確立するために、大友氏の勢力を完全に排除することを思考するようになったと考えられる。

2　西肥前侵攻に成功した理由

弟長信の後方支援

天正元年（一五七三）より始まった西肥前侵攻戦は、天正七年（一五七九）頃まで続き、実に約七年にも及んでいる。この期間に隆信は現在の佐賀県と長崎県の両県にまたがる領域の支配権を得たのである。

支配権確立の背景にはどういった事情があったのだろうか、この問題を論じるには、まず龍造寺長

龍造寺長信像

信の存在に着目しなければならない。

長信は隆信の弟で、「多久家文書」により隆信の母である慶誾《けいぎん》が長信のもとで生活していたことが確認できる。これを踏まえると、長信も慶誾の子であり、隆信の同母弟であったと考えられる（「多久家有之候御書物写」三八）。長信は初め国衆小田氏の蓮池城を拠点としていたとされるが、龍造寺氏・大友氏の抗争後は小城郡多久に移り、梶峰城主として多久地方の統括にあたっていた。

長信は隆信とともに多くの軍事活動に従事したとされるが、西肥前侵攻に際しては主として龍造寺軍の後方支援にあたっていた。

そのことを最初に指摘したのは鈴木敦子で（鈴木敦子『戦国期の流通と地域社会』）、筆者も鈴木の指摘を踏まえて長信の活動を詳らかにした（中村知裕「龍造寺氏の肥前西部侵攻と龍造寺長信」）。以下ではこの拙稿をもとに長信の活動から隆信が肥前の大半の地域に勢力を及ぼすことができた要因を明らかにしていこう。

鈴木は西肥前侵攻において長信は物資輸送に従事していたとしているが、管見の限り、その役割はもっと多様であった。

先に、平井氏・後藤氏を攻略するにあたり、隆信が大崎村の堀普請と志久村の橋普請を行ったことを指摘した。その際、工事の指揮を命じられたのが長信であった。

この普請は平井氏・後藤氏の反撃を防ぐとともに、戦地への物資輸送を円滑にするのを目的とするものであったと考えられる。

また、隆信は平井氏の軍勢との交戦中に、長信の要請を受け入れて杵島郡横辺田《よこへだ》（大町町・江北《こうほく》町）に関所を設けて「荷留《にどめ》」（物資輸送の停止）を実行するように命じている（「多久家書物」六二）。すなわち龍造寺氏と平井氏の勢力の境目ともいえる横辺田に関所を設けて敵方への物資輸送を遮断しようとしたのである。横辺田は佐賀と武雄・嬉野・伊万里を結ぶ陸上交通の要衝であった。つまり、横辺田への関所の設置は、佐賀から北肥前西部方面に至る陸上交通路を押さえることにもつながると判断してよい。

こうした交通に関する役割の一つとして、宿の確保が挙げられる。

例えば、平井氏攻略の際、隆信の家臣である原直景の足弱《あしよわ》（老人・子供）のために小宿の確保を命じている（「多久家有之候御書物写」一四）。あるいは、天正四年（一五七六）頃に松浦地方へ進出した際、隆信が長信に大河野（伊万里市）から退く軍勢を休息させるため小宿を確保するよう命じている（「多久家有之候御書物写」四六）。

また先に、隆信が西肥前侵攻にあたり城や砦といった軍事施設を修理、もしくは新たに構築しながら着実に敵対勢力を攻略していたことを明らかにした。

実はこの軍事施設の修理・修築にも長信が深く関与していたのである。

修理・修築に関して、杵島郡の平井氏を下した後、隆信は同氏の居城であった須古城の普請に着手しているが、長信もその普請への参加を命じられており、これが成就した後には、後藤氏の侵攻に備えるため、長信は須古城周辺に位置する樺嶋に出城を整えて軍勢を常駐させるよう命じられている（「多久家有之候御書物写」三〇）。

材木調達と軍事施設の構築

鈴木が指摘するように、西肥前侵攻における長信の基本的役割は物資の輸送にあった。そこで次に物資輸送の面から長信の活動をみていきたい。

「多久家文書」によると、西肥前侵攻の過程において輸送を命じた物資は、兵糧など戦時の食料に限定されたものではなかった。なかでも最も多かったのが材木の調達・輸送の依頼である。なお、この点についてはすでに鈴木も指摘している。

なぜ隆信は長信に対して材木の調達・輸送を度々求めたのであろうか。この点については、主たる戦場が長信の拠点の多久に近かったこと、さらに隆信が西肥前侵攻の過程で度々普請を行っていたことが関係していると思われる。

では隆信はどういった地域から材木を求めたのであろうか。これについては、佐賀市西方に位置する杵島郡横辺田をはじめ、小城郡の清水山、伊万里市付近の大河野《おおかわの》、松浦郡有田といった地域が見出せる。これらの土地はいずれも長信の拠点である多久と近距離にあった。すなわち、多久およびその周辺地域が材木の供給地であったため、隆信は長信に度々材木の調達・輸送を求めたのである。

しかも、長信に対する隆信の指示は細かかった。例えば、「今程爰許造作仕候、就夫、用所候、三間渡之けた、七本望候、其元も普請之時分、近来雖難申候、被仰付候て、一両日中可給候」（「多久家書物」六六）とあるように、一両日中に「三間」（一間は約一・八一八メートル）すなわち約五・五メートルにわたる材木を七本調達するよう長信に催促するなど、調達するべき材木の具体的なサイズと数量を指示していることがわかる。また、隆信が土蔵を普請しようとした際、若い木立である楉木《しもとぎ》を三〇本調達するよう命じるなど、調達すべき材木の種類を指定する場合もあった（「多久家書物」四六）。このように、材木調達に伴う隆信の指令は、調達する種類や数量にまで及んでいたのである。

こうした隆信の度重なる材木調達の要求に長信がどう応じたのか、この点については次の文書が残されている（「多久家書物」八一）。

一、しきの木一丈三尺、ひろは九寸、あつさ六寸
一、木二本一丈三尺、ひろは四寸四方、
一、一丈一尺の木三本、ひろは四寸四方、
一、かん貫の木一本、なかさ五尺、ひろは三寸五分、四方かしの木也、
以上
右之材木、尖請取候、
七ノ廿一　　　　　　　　判

この文書は長信が調達した材木を隆信が受け取ったことを示す請取状である。内容をみていくと、材木を薄く平な板にしたことを示す「しき」、門の扉をさし固めるための横木である「かん貫」の記述がみられるように、用途に応じて材木を加工して届けていることがうかがえる。また「木二本一丈三尺」、「一丈一尺の木三本」という記述があるように、同じ大きさに木を何本も製材していることがわかる。ここから、長信は山林から伐採した材木を製材した上で隆信のもとに届けていたことがうかがえる。つまり長信は隆信の要求に対して単に山林で伐採した材木をそのまま輸送するのではなく、これを用途に分けて製材することができたと判断してよい。

以上のように、肥前西部侵攻での普請において長信は材木調達の役割を担っていた。そのため隆信は長信を度々用いていたと考えられる。しかも、その任務は伐採から製材、そして輸送にまで及んで

いたのである。

なぜ長信の任務が材木の切り出しから製材、そして輸送にまで及んでいたのか、その理由を検討すると、「分手」「切手」の存在を見出すことができる。

「切手」とは、材木を切る工匠である杣《そま》に相当する職人であり、「分手」とは材木を製材する職人である。隆信は普請のための「大工」も五・六人ほど派遣するよう長信に要請するなど、製材した材木を用いて普請に従事する「大工」まで長信のもとにいたことが確認できる。

以上のように、長信の本拠地多久およびその周辺地域が材木供給地であったことにくわえて長信が材木の伐採・製材・輸送、普請に従事する職人を動員・派遣する権限を有していたことがわかる。長信は職人を使って調達した材木を製材して送り届けることが可能であった。こうした条件もあり、龍造寺氏は軍事活動において普請を盛んに行うことができたと理解できる。

肥前国内の村々との関係

隆信が勢力拡大を成し遂げたもう一つの理由として、領内の村々との関係が挙げられる。

そもそも肥前は村々の勢力が強い地域であった。隆信が杵島郡で有馬氏と交戦した際、郡内の横辺田村が有馬氏から離れて隆信に味方したため、有馬氏との戦いを優位に導くことができたという事例もある（「大曲記」）。村の動向が抗争の勝敗を左右する場合もあったのである。

西肥前侵攻の過程では戦場となる地域で周辺の村々を対象に夫丸《ぶまる》が度々課されている。しかし、大崎村の堀普請に対する夫丸動員では百姓が協力しない場合もあった。また、普請のための道具を百姓が持参しない事態も生じていた。そのため隆信は村のリーダーである庄屋を通じて夫丸の動員、道具の調達を厳命するなど、村々に対する厳しい姿勢を示している（「多久家有之候御書物写」一五）。

隆信と村々との関係は、領国支配の面でもみえる。史料によると、隆信は村落共同体を取り仕切る「耆中」が下地職を求める事態に際して、直接面談して耆中の下地職を認めている（「村岡家文書」七）。また、隆信は村に対する支配を進めていく上で庄屋の存在を重視していた。具体的には庄屋の給与ともいえる「庄屋給」をもうけて庄屋の財政的基盤を保証し、村の支配を進めようとしていたのである（「西持院文書」七・八）。

このように隆信は勢力基盤の構築を進めていく上で敵対勢力のみならず、領国内外の村にも目を向けなければならなかった。

肥前西部の支配体制

これまで明らかにしたように、隆信は長信の後方支援を受けながら肥前のほぼ全域に勢力を広げることができたが、征服地への支配体制を構築することはできたのであろうか。

ここで登場するのが、後藤貴明に養子として入った子の家信である。当時の家信は鶴仁王丸と名乗っており、佐賀で養育されながら後藤家への養子入りの準備を進めていた。天正五年（一五七七）頃に後藤貴明の娘と結婚した後（「後藤家文書」二〇）、元服して善次郎と名乗って武雄に入り、天正六年には家信と名乗るようになる（「永野御書キ物抜書」七一・七二）。

武雄に入った家信は鶴田氏や伊万里氏といった国衆をはじめ、かつて貴明のもとにいた家臣団から起請文をとり、龍造寺氏に忠節を尽くすこと、そして後藤貴明とその子息の弥次郎には忠節を思い出さないことを誓わせている（「永野御書キ物抜書」六三）。

その後、隆信が有馬氏を下して村中城に戻ると、家信が西肥前方面の軍事も担当するようになるが、実際には隆信の指令のもとに家信が軍勢を動かす状況にあった（「武雄鍋島家文書」一八〜二一）。

以上のように、隆信は肥前の大半に勢力を及ぼし、後藤氏に養子に入った家信を中心として肥前西部の支配体制を構築したと考えられる。

もし隆信を肥前の戦国大名として位置づけることが許されるならば、この西肥前侵攻が進んだ天正元年から天正七年までの間に、戦国大名化を成し遂げたと考えるべきである。

第六章　龍造寺氏による周辺諸国侵攻の実態

1　侵攻開始の理由

「五州二島の太守」とは

肥前佐賀地方の国衆にすぎなかった隆信は、肥前の大半を勢力に組み入れた後、筑後を皮切りに肥前以外の地域にも進出していった。その勢力は北部九州に広く及んだことから、龍造寺隆信はよく「五州二島の太守」とよばれることがある。

「五州二島」とは、肥前・筑前・筑後・肥後・豊前の五ヶ国と壱岐・対馬の二島を指す。すなわち、隆信は本拠となる肥前を中心に中部・北部九州を広く席捲し、肥前周辺の島々にもその勢力を及ぼしたというのである。

この「五州二島の太守」とは、川副博が近世の編纂物の記述から生み出した言葉であり、必ずしも一次史料の読解によって導き出されたのではない。しかし、現在では龍造寺氏による勢力拡大を示す用語として定着している。

「五州二島の太守」という語の成り立ちからみても、龍造寺氏をはじめとする北部九州の状況は、近世の編纂物をもとに語られることが多かった。これに対して近年では、新名一仁が天正年間における九州の政治情勢について、島津氏の北上戦を素材に一次史料を駆使して明らかにしている（新名一仁『島津四兄弟の九州統一戦』）。また、田渕義樹と大城美知信は、龍造寺氏による筑後進出の状況を蒲池氏や田尻氏といった国衆との関係から明らかにしている（田渕義樹・大城美知信『蒲池氏と田尻氏』）。

これらの研究により、隆信は筑後に進出して多くの国衆を従えたものの、その国衆が離反するたびに出兵する事態に陥っていたことがわかった。ただ、田渕と大城の研究は考察の対象地域を筑後南部に限定しているため、考察の範囲を筑後全域および他地域にまで広げる必要がある。

先行研究を踏まえて、本章では近世の編纂物を用いることなく、一次史料を参照して、龍造寺隆信の肥前以外の地域への進出の実態を考察していきたい。

具体的には、まず隆信が肥前以外の地域に進出した要因を探った上で、筑後をはじめとする国々への進出の実態を、諸国の国衆との関係をもとに明らかにしていきたい。

龍造寺氏が肥前以外の諸国に進出した原因を大友氏との対抗関係から明らかにしていこう。

東肥前の状況

第四章でも明らかにしたように永禄年間より隆信は大友氏と抗争を繰り広げていた。堀本一繁によると、天文二三年（一五五三）に肥前守護職を得た大友氏は肥前支配を本格的に進め、その支配は耳川合戦で敗北する天正六年（一五七八）まで続いたという。また堀本は、龍造寺氏・大友氏の抗争以後、大友氏が龍造寺氏と周辺領主層との争論を裁定することによって龍造寺氏を大友氏の軍事指揮権の下におさめて龍造寺氏の発展を阻むなど、「大友氏の肥前支配」を高く評価している（堀本一繁「龍造寺氏の戦国大名化と大友氏肥前支配の消長」）。

しかし、第五章で筆者は、堀本が「大友氏の肥前支配」が進んだと評価する天正年間において、隆信は大友氏の存在を無視するかのように肥前のほぼ全域に勢力を及ぼしていることを明らかにした。すなわち、堀本が大友氏によって龍造寺氏は発展を阻まれたとする時期においても、龍造寺氏は着実に肥前国内にその勢力を拡大していったのである。

筆者のこの見解を踏まえると、堀本が主張する「大友氏の肥前支配」は果たして成り立つのかを再考する必要がある。

これまで述べたように、天正年間になると隆信は西肥前地域にも勢力を伸張させていたが、その一方で東肥前の三根郡へも度々攻撃をしかけていた。三根郡には少弐氏の庶流にあたり大友氏に味方する横岳氏がおり、居城である西島城を拠点として龍造寺氏に抵抗していた。

この対立を横目に、大友氏は領国からの情報を取り次ぐ方分を任命して、自分に味方する肥前国衆との関係を維持しようとしていた。

堀本によると、肥前方分は吉弘鑑理→臼杵鑑速→田原親賢へと受け継がれたという。このうち、龍造寺氏・大友氏の抗争後において肥前方分になったのは、臼杵鑑速と田原親賢である。

両者の活動を「横岳文書」からみていくと、いずれも横岳氏の情報取次と龍造寺氏への対処に終始していたことが確認できる（「横岳家文書」六九〜七六・八一・八二・一七七・一七八）。

地域権力が領国支配を進めていくためには、国衆に対して所領を安堵し、また戦時における功績に対しては所領・物品を給与することが不可欠となる。しかし、肥前の国衆に対して大友氏が肥前国内の所領を安堵した、もしくは新たに与えた形跡は史料にみられなかった。

そのため、龍造寺氏・大友氏の抗争以後、肥前において大友氏の支配が及ぶ範囲はどの程度であったのか、また給地の確保など国内の所領管理を行うことができたのか、いずれもよくわからない。史料には、大友氏が横岳氏に対して肥前ではなく筑後国内の所領を与えようとした事例がみえる（「横岳家文書」九一・一六四）。当時の大友氏は肥前守護の地位にあったものの、肥前国内の所領を維持できていなかった可能性が高い。

田原親賢に関しては、龍造寺氏の西島城攻撃に対処している事例が多い。そこで、どのような対処方法かを見ていくと、横岳氏・筑紫氏・江上氏（この時はすでに龍造寺氏に従属）・小田氏など龍造寺氏と敵対する肥前国衆に連繫を強めるようはたらきかけている。また、西島城に武器・兵糧を運び入れ、筑後国衆を救援に遣わすなどして、横岳氏を救援する体制を整えていた（「横岳家文書」五二・五八・一五八・一五九・一六四・一六五）。

肥前において大友氏は、専ら横岳氏を通じて龍造寺氏の攻撃を防ぐことによって勢力維持に努めようとしていたのである。

同じく天正年間、龍造寺氏の攻撃に晒されていた肥前の国衆は、大友氏に度々救援を求めていた。前章では、有馬晴信など島原半島の国衆が大友氏との関係をもとに支援を仰いでいたことを明らかにした。しかし、大友氏側がこれに応じた形跡は史料にみられない。

大友氏による肥前支配の実態

こうした状況の中で、天正五年（一五七七）に大友氏は、筑後柳川を本拠とする国衆である蒲池宗雪・鎮並《しげなみ》（以下、この蒲池氏を下蒲池として論を進める）父子を仲介として龍造寺氏を赦免することにした（「横岳家文書」八六・九四号）。この赦免について堀本は、大友氏は隆信に横岳領への介入禁止を命じ、隆信もこの裁定に従ったとしており、赦免以後も隆信は大友氏の軍事指揮権の下にあったとするなど、龍造寺氏に対する大友氏の優位は変わらないと捉えている。

三根郡では、龍造寺氏・筑紫氏・横岳氏という三氏間の所領紛争が起こり、大友氏の裁定の結果、三根郡を龍造寺氏が手放すことにより解決している（「横岳文書」八六）。確かにこのことから、大友氏が龍造寺氏を従えているようにみえる。

しかし、これまでに明らかにした内容を踏まえると、隆信の赦免は所領紛争による三根郡侵攻に対してだけではなく、勢力拡大を続ける龍造寺氏の軍事活動を停止させる手段としての意味も含むと考えられる。大友氏は隆信を赦免することによって龍造寺氏の版図拡大を認め、これ以上の軍事活動を止めようとしたと考えてよい。すなわち隆信の赦免は、むしろ龍造寺氏の勢力拡大に歯止めをきかせることのできない大友氏によって示された妥協の産物であった。

このように龍造寺氏・大友氏の抗争後における大友氏と肥前との関わりをみていくと、方分の活動は国衆の取次と西島城の防備に終始しており、大友氏は拡大し続ける龍造寺氏の勢力を制御できない状況であった。

そうなると、堀本の述べる「大友氏の肥前支配」とは、もともとは肥前守護職を得た大友氏が肥前を支配する体制であったが、天正年間には龍造寺氏による度重なる軍事活動に対処する体制になったと考えてよい。

反対に隆信の側からみると、大友氏は拡大著しい龍造寺氏の領国を東側から侵害する目障りな存在であり、隆信としては肥前の支配を確立する上で大友氏を完全に排除する必要があったと理解できる。

筑後国衆の動向

天正六年（一五七八）になると、隆信は筑後を皮切りに肥後・筑前への進出を開始するが、なぜ隆信の第一の進出先が筑後であったのか、その理由を明らかにする必要がある。

先述したように、大友氏は横岳氏を通じて龍造寺氏の東への侵攻を防ごうとしていた。その過程で大友氏は、筑後国衆を使って横岳氏を救援しようとしたのだった。

例えば、宗麟は筑後国衆を交替で西島城に在城させようとした。また、大友氏によって検使となった成大寺豪栄と森宗智は、肥前に三潴《みづま》郡衆を派遣するとともに、高三潴《たかみづま》弥太郎の兵船を横岳領に碇留させるなどして横岳氏救援を進めている（「横岳家文書」一六二一・五九・六〇）。

これに対して隆信は、西島城への攻撃を継続する一方で、肥前・筑後の国境である筑後川沿岸に軍勢を展開して男女を拉致するなど（「横岳家文書」一七八）、隆信による東肥前への攻勢は一向に収まる気配がみえなかった。

　こうした状況に大友氏側はどう対処したのか、次の文書を検討しよう（「横岳家文書」四九）。

龍造寺隆信至須古取懸、防戦半之由、注進及度々候之条、此節、佐賀表一行、不可有余儀之段、筑後上下衆、同検使迄、数度雖被加下知候、其方角衆、依不相進、動等不事成之由候、於事実者、不可然候、隆信須古表江取出候者、様躰節々被遂言上、又其堺差揚等之儀、別而可被励馳走候処、油断之趣、無心元被思召之通、以　御書被仰出候、雖無申迄候、筑後衆被申合、急度一動肝要之由候、委細成大寺（豪栄）・森越前入道（宗智）迄被仰遣候、恐々謹言、

八月十九日

（田原）親賢（花押）
（朽網）鑑康（花押）
（志賀）親度（花押）
（佐伯）惟教（花押）

横岳中務太輔殿

　この文書が発給される五ヶ月前、大友氏は龍造寺氏討伐を決めており、検使として成大寺豪栄と森宗智を派遣することを横岳氏に伝えている。八木直樹が肥前における成大寺豪栄と森宗智の検使とし

ての活動を天正二年（一五七四）と位置づけていることから（八木直樹『戦国大名大友氏の権力構造』）、この文書は同年に発給されたと判断してよい。文書によると、大友氏は隆信が西肥前に進出している隙を突いて本拠地佐賀の村中城を攻略しようとしたが、「其方角衆、依不相進、動等不事成之由候」、つまり方角衆が進まないため村中城攻撃がうまくいかないということである。ここにみえる「方角衆」、は横岳氏周辺の人々と解釈できる。ただ、この時には筑後国衆が西島城に配備されている状況であることを踏まえると、方角衆は筑後国衆も含むと解釈できる。そうすると、筑後国衆を含む横岳氏周辺の人々が動かない事態が生じて佐賀への攻撃が進まないということになる。すなわち、この文書から、横岳氏救援に回された筑後国衆が大友氏に協力的ではない様子がうかがえる。

筑後国内の状況

筑後国は室町期の頃から大友氏が長年守護として支配権を有してきたが、筑後国内の国衆は必ずしも大友氏に心服していたわけではなく、外部からの進出が起こると離反する動きを度々みせていた。

特に天正年間に入ると、筑後国内では耳縄《みのう》連山を拠点とする草野氏と筑後一宮高良山との間で対立が生じ、大友氏が裁定したがそれでも解決しない状況にあった（「横岳家文書」一〇四・一〇五）。

天正四年（一五七六）になると、大友宗麟は少弐政興を筑後に派遣した上、森宗智らと協力して龍造寺氏の勢力を調略するよう五条氏をはじめとする筑後国衆に命じている（「横岳家文書」五〇・一六一、『大宰府・太宰府天満宮史料』巻一四）。少弐政興は龍造寺氏が仕えた少弐資元の子とされており、宗麟

西島城跡の説明板

は隆信への対抗勢力として少弐氏復興を撒餌に政興を担いだと考えられる。しかし、筑後国衆が政興を救援した形跡は史料に見られない。宗麟の戦略は空振りに終わったものと思われる。

その後、詳しい年次と経過はわからないものの、大友氏の防波堤ともいうべき横岳氏が龍造寺氏に降伏した。横岳氏の降伏は隆信が筑後に侵攻した頃の可能性もあるが、降伏により隆信の勢力が東肥前にまで及ぶと同時に、龍造寺氏に対する大友氏の防衛体制は完全に崩壊した。

天正六年に大友氏が日向に侵攻している頃、隆信は島津氏と書状のやりとりをしている。島津氏も龍造寺氏との関係を強くすることを望んでいた（「鍋島市佑家旧記写」）。また、筑後の田尻宗達も大友氏と手切れすることを示す起請文を隆信のもとに差しだしている（「龍造寺家文書」一四三）。

こうした状況を認識していたのであろう隆信は、耳川合戦で大友氏が敗北したタイミングを見計らい、肥前支配の障害となる大友氏の勢力を完全に排除すべく、筑後方面に進出したと考えられる。

2 九州諸国への進出過程

天正六年一一月に大友氏の軍勢が耳川合戦で敗れると、同年一二月に龍造寺隆信は筑後進出を開始した。

筑後国への侵攻

筑後進出の過程に関しては、田渕義樹・大城美知信によってすでに明らかにされている。田渕と大城の研究によると、隆信は筑後進出を開始する前段階で下蒲池氏をはじめとして田尻氏・草野氏・豊《ぶ》饒《にょう》氏を味方につけていた（田渕義樹・大城美知信『蒲池氏と田尻氏』）。

その証拠に隆信は、進出を前に筑後国衆と起請文のやりとりを行っているが、その起請文の中には、次のようなものが存在する（「永野御書キ物抜書」一七五）。

再拝々々

一、今後至隆信・鎮賢（政家）ニ、種実申談候条、何様当時行末不可存緩疎之事、

一、如此申談候上者、隆信・鎮賢江、種実不致内談、永々至豊州、一味仕間敷之事、

一、隆信・鎮賢難有御分別無理之子細、不可申懸之事

右、条々於令違犯者、
（中略）
天正六年十一月廿五日　　　秋月
　　　　　　　　　　　　　種実判
龍造寺隆信
龍造寺鎮賢　参

この起請文は、筑前南部の国衆秋月種実によって発せられたものである。これによると、種実は隆信が筑後に進出する以前の段階で下蒲池氏らと並んで龍造寺氏に味方すると表明していることがわかる。永禄年間において大友氏に激しく抵抗していた秋月氏だが、永禄一二年に降伏して以後、大友氏に従属していた。天正年間に入り、大友氏は秋月氏への備えとして立花城に戸次道雪を、宝満・岩屋城に高橋紹運を入れて、種実を牽制していた（中村知裕「秋月種実考」）。

種実にとって隆信の筑後進出は、大友氏からの圧力を取り除く好機として捉えられた。実際、隆信が筑後に進出すると、種実も岩屋城の麓に位置する天満宮安楽寺に進出し、天満宮の宝殿を放火するとともに、肥前勝尾城主である筑紫広門と連繫して岩屋城を攻略している（『大宰府・太宰府天満宮史料』巻一五）。

大城美知信と田渕義樹は龍造寺氏の筑後進出に伴う南筑後の状況を主として明らかにしている。これによると、天正六年に下蒲池氏・田尻氏が龍造寺氏に味方した後、天正七年(一五七九)一一月に隆信は山下城主の蒲池鑑広(以下、この蒲池氏を上蒲池氏として論を進める)を降伏させて筑後南部を掌握している(田渕義樹・大城美知信『蒲池氏と田尻氏』)。

筑後国内の混乱

これに伴い、隆信は鍋島直茂を国衆との仲介役にして筑後を統治させている。しかし、隆信の筑後南部侵攻は、筑後国内に新たな混乱をもたらすことになる。国内各所で国衆が龍造寺派・大友派に分かれて争う事態が生じたのである。

例えば、筑後一宮高良山では、座主である良寛とその弟麟圭が龍造寺氏に味方する姿勢を示したのに対し、祭祀を取り仕切る大祝家は大友氏に味方するなど、龍造寺派と大友派に分かれて対立する。後に座主家良寛が大友氏に寝返ったため、龍造寺派の麟圭は高良山をおわれ、久留米城に籠もって大友氏の軍勢と交戦することになる(「永野御書キ物抜書」一二〇〜一二二、「隈家文書」一〜一六)。

また、高良山の南側に位置する矢部山中では、猫尾城主の黒木氏が龍造寺氏に起請文を提出して味方する姿勢を示した。これに対して大友氏は、同じく矢部山中を本拠とする五条氏を津江氏など豊後山間部の領主と連繋させて、黒木氏の動きを封じ込めている。そのため、黒木氏は龍造寺氏に味方したものの龍造寺氏の軍事活動に参加できない状態となる。

天正一二年(一五八四)に隆信が島原半島で戦死した後のことだが、戸次道雪・高橋紹運らの軍勢が五条氏を道案内として矢部山中に進出し、本拠地猫尾城を攻め落として黒木氏を滅ぼした上、矢部山中から龍造寺氏の勢力を一掃している（「永野御書キ物抜書」一七七～一七八、「五条家文書」一八三・二一一・二二二・二六二・三一九）。

豊後国境につながる生葉《いくは》郡では問注所氏が大友氏に味方し、筑後川南岸から秋月氏ならびに耳納連山の南側を本拠とする星野氏の動きを封じ込めている（「柳川問注所文書」三七）。

このように、天正六年に龍造寺氏は筑後に進出したものの、確保できたのは筑後南部地域のみであり、それ以外の地域では龍造寺派と大友派に分かれて争う状況が続いていた。

その後、確保したかにみえた筑後南部でも、下蒲池氏が大友氏に寝返る姿勢を示した。これにより、隆信の悪行として語り継がれる下蒲池氏謀殺事件が起こる。

下蒲池氏謀殺事件

天正九年（一五八一）五月頃、隆信は下蒲池氏の当主蒲池鎮並を佐賀に誘い出して謀殺し、翌月には蒲池領に侵攻して、その一族を討滅したのである。その様子は『蒲池物語』など近世の編纂物に詳しく記されている。近世の編纂物は、龍造寺氏家臣の中には度々龍造寺氏の窮地を救った下蒲池氏の討滅に疑問を呈する者がいたと記されている。

確かに、近世の編纂物では、水ヶ江龍造寺氏の謀殺事件において隆信の曾祖父家兼が下蒲池氏のもとに逃れたこと、さらに隆信が家督を継承した際の鑑兼との争いでは下蒲池氏のもとに亡命したことが記されている。

しかしながら、本書で見てきたように、家兼・隆信が下蒲池氏のもとに逃れた事実を確認すること

殺害された蒲池鎮並らを祀る辻の堂延命地蔵

はできなかった。近世の編纂物において家兼・隆信と下蒲池氏の関係性が記された理由はよくわからない。

隆信としては、隣国肥前にあって大友氏の支配下においても絶えず変節を繰り返す筑後国衆の動向を、当然認識していたと思われる。実際、上蒲池氏の鎮運は龍造寺氏に対しては「家恒」、大友氏に対しては「鎮運」と名乗って対応していた（福島金治『九州・琉球の戦国史』）。天正九年（一五八一）に隆信は、蒲池鎮並の居城柳川城を攻撃しているが、城を落とすことができなかった。なにより隆信が恐れたのが鎮並の寝返りが周囲に波及して田尻氏などの国衆も離反し、龍造寺氏の筑後支配を大きく揺るがすことであった。そのため隆信は下蒲池氏一族を誅殺してこれを討滅する手段にでたと考えられる。

隆信は下蒲池氏を滅ぼした後にその本拠地柳川城に龍造寺家晴を入れて、筑後南部の支配を進めている。天正一二年（一五八四）一一月、隆信の戦死に伴って大友氏に味方する上蒲池氏と溝口氏が柳川城を攻撃しているが、家晴がこれに対処するなど（「肥後蒲池文書」一二）、筑後南部における勢力維持に努めている。

しかし、天正一〇年（一五八二）頃に龍造寺氏による所領宛行《あてがい》への不満から、鷹尾城主田尻氏が龍造寺氏に反抗する姿勢を示した。隆信は海陸両面から本拠地鷹尾城を攻略しているが、この戦いの過程において田尻氏は肥後へ進出していた島津氏に救援を求めることになる。同じ頃、隆信にずっと抵抗していた島原半島の有馬氏も島津氏に救援を求めた。これにより龍造寺氏と島津氏の対立が生じることになる。

下蒲池氏謀殺事件は意外なところにも影響を及ぼしている。西日本各地でキリスト教の布教を進めるイエズス会が隆信を嫌悪する姿勢を示したのである。その証拠にイエズス会は記録において隆信を、「暴君」「暴虐」「惨酷暴戻」な人物と評している。

とはいえ、下蒲池氏が領内においてキリスト教を積極的に容認していたわけではない。したがって、下蒲池氏の謀殺は、イエズス会の布教に何ら影響を及ぼすわけではない。イエズス会は蒲池鎮並を佐賀に呼び寄せて謀殺したことに衝撃を受けたのである。なぜなら、佐賀には龍造寺氏に降伏した大村氏の人質が逗留しており、イエズス会は大村純忠とその人質も蒲池鎮並と同じように謀殺されると思い込んだからである。実際、大村純忠は鎮並謀殺直前に隆信に謁見しており、謀殺事件直後にはガスパル・コエリヨが龍造寺氏と純忠および人質の処遇についての交渉を行っていた（『イエズス会士日本年報』上巻）。

大村氏は、よく知られるようにキリスト教の布教を積極的に受け入れた国衆である。その協力が隆信により頓挫するおそれがあると理解したためと思われる。

このように、下蒲池氏謀殺事件は龍造寺氏による筑後南部支配の維持につながったが、他方では、イエズス会の反抗など、さまざまな方面に影響を及ぼしたと考えてよい。

隆信と秋月種実の関係

大友側は筑前に戸次道雪・高橋紹運を配置していたにもかかわらず、隆信の筑後進出に適切に対処した形跡は見られない。その背景には、耳川合戦に敗北し、大友氏の支配機構が混乱していたこともあるが、これに加えて秋月種実の存在も大きかったと考えられる。

天正六年に隆信が筑後に進出した際、種実も大友氏の筑前支配の拠点岩屋城・宝満城の攻撃を開始している。その後も種実は筑紫氏などと連繫しながら大友氏の領国を侵攻している。筑前の道雪・紹運は種実のこうした度重なる侵攻に対処しなければならなかった。そのため、大友氏側は筑後方面にまで目を向けることができなかったと考えられる。

桑田和明が指摘するように、秋月種実の軍事活動は龍造寺氏との連繫により成立するものであった（桑田和明「フロイス『日本史』にみる戸次道雪と秋月種実」）。

これに関しては次の文書を見ていこう（「分藤文書」一〇）。

今度、至其表敵取懸候処、各被碎手、被得勝利候之由、到来誠無比類候、定而□□敵相堪候哉、然者、此方加勢之義、無余儀存候条、至隆信内談候処、日田口・宝満表、為押佐賀衆、可差上之由、被申候間、元種申談、此方人数、急度可差渡儀定候、船誘等之儀、別土但へ申陣所以下之事者、広種へ申遣候、其内可令相拘覚悟専一候、猶期後喜候、恐々謹言、

五月二日　　　　　　　　　　　　秋　種実（花押）

（萩原）一雲

万いる

御報

この文書は、豊前宇佐郡の領主で秋月種実と同盟関係にあった萩原氏に対して発給されたものである。年月日未詳であるが、この文書で「至隆信内談候処、日田口・宝満表、為押佐賀衆、可差上之由」、つまり隆信と相談して日田口・宝満表に佐賀勢を派遣するよう要請している。天正八年（一五八〇）頃に発給された書状にも種実は同様の内容を記していることから（「萩原勇平文書」一四）、この文書も同時期に発給されたと思われる。そして、種実が隆信と相談して日田郡および宝満表を攻略することを伝えている。すなわち、種実の側は秋月氏の軍事活動を隆信と連繫したものとして捉えているのである。

これに対して大友側は、天正九年（一五八一）に発給したと思われる書状に「今度、秋月・龍造寺、以下之逆徒申組、至針目岳依現形」、つまり秋月・龍造寺の軍勢が連繫して針目山に進出したと記しているように、秋月氏と龍造寺氏の軍勢が現在の筑前・豊後の国境に軍を展開したと考えている（「大友家文書録」一八三二）。また、天正一〇年（一五八二）頃、宗像郡の国衆宗像氏貞は北部九州の状

況を毛利氏の一族小早川隆景に報告している。その文書の中に「一、日田口事、彼表押、種実・隆信・筑紫申談、旧冬取付候」、つまり日田口のことについて、種実・隆信・筑紫鎮恒（後の広門）が連繫して昨年の冬、日田口に取りついたとあるように、種実・隆信・筑紫の軍勢が連繫していたというのである（「無尽集」）。

このように、秋月種実は龍造寺氏の筑後進出を自らの大友氏への反撃の契機として捉えており、龍造寺氏との連繫のもとに大友氏の勢力を圧倒しようとしていた。これに対し、敵対する大友氏の側も秋月氏・龍造寺氏が連繫していると認識していた。

要するに、龍造寺氏の筑後進出は国衆の離反や大友氏の対抗策によって円滑に進まなかったものの、秋月種実は隆信の筑後進出を大友氏との戦いを優位に進める好機として捉えていたのである。

肥後国への侵攻

近世の編纂物によると、天正七年（一五七九）に筑後三池郡の三池氏を下した龍造寺隆信は、肥後玉名郡の小代《しょうだい》氏を攻め、これを攻略することに成功した。その後に田尻氏を案内役として玉名郡の和仁氏と山鹿郡木山の永野氏を攻めて降参させた。この間、隈本の城氏や隈府《わいふ》の赤星氏などの国衆も龍造寺氏に下り、隆信の勢力は肥後北部に及んだとしている。

先にみたように、龍造寺氏の筑後進出は必ずしも円滑ではなかった。それにもかかわらず、隆信はなぜ肥後にまで勢力を及ぼす必要があったのであろうか。

その理由としては龍造寺氏の上蒲池氏攻略が挙げられる。話を隆信が筑後に進出した頃に戻そう。天正六年（一五七八）に隆信は筑後進出を開始して筑後南部に兵を進めているが、天正七年時点で上蒲池氏は龍造寺氏に反抗する姿勢を示していた。そして肥後北部の国衆は、上蒲池氏をはじめとする筑後南部の動きを注視していた（「広島大学所蔵蒲池文書」一六）。

その後、天正七年に隆信が肥後北部に進出すると、小代氏や城氏や内空閑《うちくが》氏など肥後北部の国衆が隆信に起請文を提出して味方する意思を示している（「永野御書キ物抜書」一六〇・一六八・一七二、「龍造寺家文書」一四四）。

この肥後北部への出兵後、上蒲池氏の鑑広は隆信・鎮賢に起請文を提出して龍造寺氏に降伏した。この順序を踏まえると、天正七年の肥後出兵は、龍造寺氏の筑後南部平定を見据えたものであったと理解してよい。

ただし、国衆内部をみていくと、肥後北部・筑後南部が龍造寺氏によって完全に平定されていない状況を見出すことができる。

例えば、肥後と国境を接する筑後三池郡の三池氏は、天正七年三月に起請文を提出して、龍造寺氏に属することを表明している。また、三池親基は三池城番に申し付けられたことを本望とするなど、龍造寺氏に感謝の意を示している。他方、天正八年頃には龍造寺氏と敵対する大友氏から三池鎮実に対して、下蒲池氏が龍造寺氏に離反して大友氏に帰順するのを許した文書もみえる（「永野御書キ物抜書」九三、「三池文書」）。

このように、三池氏の内部では、龍造寺氏に従う親基と大友氏に従う鎮実が並存する状況であったことになる。

この並存は三池氏に限ったものではない。筆者の調べた限りでは筑後と肥後の境にあたる玉名郡を本拠とする大津山氏も、嫡流は龍造寺氏につく姿勢を示しているが庶流の中には大友氏に味方する勢力が存在していた（大城美知信「室町・戦国期の南関と大津山氏」）。

こうした事例を踏まえると、三池氏や大津山氏に限らず、おそらく筑後南部・肥後北部では、大友氏・龍造寺氏の両方に味方するか、もしくはどちらに従属かをめぐって一族が分裂するといった騒ぎがいくつもあったと推測される。そう考えると、筑後南部・肥後北部は龍造寺氏によって平定されているようにみえるが、実際には状況に応じて国衆が離反する恐れも十分にあったと判断してよい。

龍造寺政家への家督継承と二頭政治

隆信が筑後・肥後・筑前へ出兵する中で、龍造寺氏内部では嫡子政家（その名乗りは鎮賢→久家→政家と変化するが本書では政家とする）への家督継承が進められている。

この家督継承については、堀本一繁によって詳細が明らかにされている。それによると、天正九年（一五八一）三〜四月に家督継承が行われたが、以後も隆信は龍造寺氏の実権を手放すことなく二頭政治を行ったという（堀本一繁「龍造寺氏の二頭政治と代替り」）。

政家への家督継承と二頭政治の実態に関しては堀本の研究によって明らかにされているので、本書ではその背景に着目していきたい。

隆信は天正年間に入って政家への家督継承に向けての準備を進めている。

例えば、龍造寺氏・大友氏の抗争で活躍した鍋島直茂が龍造寺氏に対して数度にわたり提出した起

龍造寺政家像

請文の中に政家の名前を確認することができる。

起請文の内容をみていくと、まず天正三年（一五七五）の起請文では、直茂が隆信と同様に政家にも忠節を尽くすことを誓っている（「藤龍家譜所収文書」一四）。

また、天正七年（一五七九）の起請文では隆信存命中であるにもかかわらず政家に忠節を尽くすことを誓うなど（「藤龍家譜所収文書」一九）、直茂は政家を奉公の対象としている。

隆信は天正九年（一五八一）に政家に家督を継承させていることから、その前提として、隆信は後継者たる政家に直茂をつけて円滑な家督継承を進めようとしたと判断してよい。

先述したように、政家への家督継承後も隆信は実権を手放すことなく二頭政治を展開している。これは曾祖父家兼の事例に倣ったものであった。第二章で見たように、家兼が子息の家門とともに少弐氏・村中龍造寺家を支えており、この体制を隆信も踏襲したと考えられる。

隆信が二頭政治を展開した背景にはまた、隆信自身が家督継承の際に家門の子鑑兼との争いに巻き込まれて、一度は本拠地を逐《お》われた経験が踏まえられていた。

かつて龍造寺氏の家督を争った鑑兼は元亀元年（一五七〇）に死去していたが、その子家晴が成人していた。この家晴は先に述べたように、天正九年には下蒲池氏討滅後に柳川城主として赴任するなど、鍋島直茂とともに軍事活動の一翼を担う存在となっていた。本拠地を逐われる苦い経験をした隆信としては、一族の内紛を避け、家晴を擁立する動きを封じるためにも、政家への家督継承を進めつつ二頭体制を敷く必要があったと考えられる。

龍造寺政家の肥後出陣

天正九年に入ると、隆信は嫡子政家を中心とする軍勢を肥後に派遣している。その時期について、新名一仁は三月としている。しかし、肥後国衆からの起請文が六月以降に増加するので、下蒲池氏を攻めている頃に進出したと考えることもできる。

なぜ、龍造寺氏は下蒲池氏への攻撃を進めながら、龍造寺氏は肥後にも再び出兵する必要があったのであろうか。

その理由については、「龍造寺家文書」の龍造寺隆信条書から読み取ることができる（「龍造寺家文書」一一九）。

この文書にはまず「薩摩衆帰宅之事」とあり、天正八年（一五八〇）一〇月に肥後矢崎城を攻撃していた島津軍が薩摩へと撤退していることをいう。さらに「網田・郡浦之事」とあるように、島津氏と名和顕孝によって奪われた肥後国宇土郡の網田《おうだ》・郡浦《こうのうら》の阿蘇氏への返還を城親賢の仲介で行うようにと隆信は指示している。さらに「宗運此方同意之事」と、阿蘇氏の重臣である甲斐宗運が龍造寺側に味方したことも記している。

この条書から新名は、当時の島津氏が龍造寺氏の支配を受け入れざるをえない状況にあったとしている（新名一仁『島津四兄弟の九州統一戦』）。新名の指摘から、当時の龍造寺氏は肥後において優位な立場にあった様子がうかがえるが、下蒲池氏攻撃を進めているので、肥後に出兵する必要はないようにも思える。ところが先に挙げた龍造寺隆信条書では「赤星方之事」とあるように、菊池郡の隈府城を本拠とする赤星統家《むねいえ》についても触れている。隆信は赤星氏について家臣に何を指示したかったのか。これに関しては次の文書を検討したい（「志賀文書」）。

蒲池鎮並・赤星道半（統家）申旨依有之、道雲事、小国表江可為在陣之由承候、炎天時分、別而辛労察存候、先日従義統預入魂候条、尤可然之由令申候キ、右両人被申談、毎事堅固之御才覚不及申候、浦部表之儀、急度可一着之間、方角衆之事茂、軈而其堺江可被差寄之歟、於委細者、義統可加下知之条、不及口能候、仍油二筒送給候、遠方迄之音信毎々懇之儀祝着候、猶重々可申候、恐々謹言、

六月四日　　円斎（大友宗麟）（朱印）

赤星統家像

志賀常陸《（道輝）》入道

この文書は、天正八年頃に発給されたと推定されている。内容をみていくと、大友氏の重臣である志賀道輝（常陸入道）が蒲池鎮並と赤星統家の依頼により肥後小国表に出兵したとある。天正八年時点では下蒲池氏の鎮並は龍造寺氏に従属していたが、すでに龍造寺氏から離反して大友氏に従属しようとする姿勢を示していたことがわかる。その際、鎮並は肥後の領主である赤星氏と連繫していたことも読み取れる。

隆信は蒲池鎮並の離反を察知して柳川城を攻撃しているが、田渕義樹が指摘するように城攻は難航した。しかし、隆信は島津氏に対して、肥後半国に龍造寺氏の勢力が及び、包囲している柳川城も間もなく落城するであろうと報告するなど強気の姿勢をみせている（『旧記雑録』後編一—一一五九）。

このように、天正九年における龍造寺氏の肥後進出は、下蒲池氏の離反および赤星氏との連繫に対処することを目的としたものであった。

龍造寺氏と肥後国衆

天正九年の肥後出兵では隈部氏・合志氏・城氏・鹿子木氏など肥後北部の領主層をはじめ、志岐氏・相良氏など肥後南部の領主層も龍造寺氏に起請文を提出していたことが明らかにされている。

ただし、起請文を提出した国衆は肥後中南部にも及ぶなど、下蒲池氏の動向とはまったく関係のない者も含まれていた。なぜ起請文の提出が肥後南部の広い範囲に及んでいたのか。これに関しては相良氏の起請文をみていこう（「龍造寺家文書」一五五）。

水保之事及難儀候之条、家来之者共先々申愁子細候、於趣者、至御使者、不残心腹令入魂候、若世上案外之批判於有之者、可及御疑心歟、忰家之事、永劫対貴家、毛頭不可有別心候、

（中略）

天正九年

九月八日　　義陽（相良）（花押）

隆信

久家（政家）参

相良氏は肥後南部を拠点とする国衆であり、国境を接する島津氏と抗争を展開していた。この文書ではまず「水俣之事及難儀候」との記述がみえる。つまり、この当時の相良氏は島津氏によって肥後南部の相良領である水俣が攻撃に晒されており、難儀しているという。この文書では直接的に記されていないが、相良氏は龍造寺氏に起請文を提出するかたちで救援を求めていたのだろう。相良氏は島津氏との対立に龍造寺氏を巻き込もうとしていたと考えてよい。抗争の結果、水俣は島津氏の領有となり、相良氏は島津氏に従属することになる。

天正九年の肥後出兵では多くの国衆が龍造寺氏に起請文を提出したが、翌一〇年になると早くも城

氏をはじめとする国衆が龍造寺氏から離反する姿勢を示している。なかでも城氏は、本拠地の隈本（熊本）城に島津氏の諸将と軍勢を受け入れて駐留させている。

城氏の動きに対して隆信は肥後に軍勢を派遣しているが、高瀬において城氏の軍勢に敗退している。この戦いと前後して、甲斐宗運や合志親重も隆信から離反して島津氏に従属する姿勢をみせている（阿蘇品保夫「城氏と戦国の熊本」）。二人の離反に乗じて、隈本に駐留する島津軍は日比良《ひびら》（日平）城を攻め落とすなど、肥後北部における攻勢を強めている（『上井覚兼日記』天正一〇年一二月二四～二六日条）。

この頃、隆信と対立関係にあった筑後田尻氏と肥前有馬氏が島津氏に救援を依頼するなど、国衆が龍造寺氏から離反する動きが進んでいる。龍造寺氏の肥後進出は、龍造寺氏と肥後国衆の対立から、龍造寺氏と島津氏の対立へと発展していくのである。

筑前国への侵攻

天正七年（一五七九）以前は筑後・肥後方面に進出していた隆信は、天正七年になると筑前へも進出している。

近世の編纂物では、隆信が肥前・筑前の国境にあたる三瀬峠《みつせ》を越えて筑前方面に進出して筑前全域を平定した後、豊前に弟信周を派遣して豊前も平定したという。

なぜ隆信は筑前にも兵を向ける必要があったのであろうか。近世の編纂物は明確な理由を述べていないが、視点を龍造寺氏と国衆との関係に置くと、筑前北西部を拠点とする原田氏の存在を見出すことができる。

原田氏は、平安期に藤原純友の乱鎮圧に活躍した大蔵春実の嫡流として位置づけられており、鎌倉期より糸島地方およびその周辺を拠点としていた。室町期・戦国期になると大内氏に従属し、大内氏滅亡後は大友氏に従ったものの、原田了栄は大友氏と対立して度々合戦に及ぶだけでなく一族の内紛にも対処しなければならなかった（丸山雍成『大蔵姓原田氏編年史料』）。

天正年間に入ると、隆信は肥前統一に向けた戦を進める過程で松浦郡唐津地方にも進出して、同地の国衆草野鎮永を下している。草野鎮永は原田了栄の次男で、肥前草野氏の家督を継承していた。鎮永は天正三年（一五七五）に龍造寺氏に降伏することを示す起請文を提出している（「永野御書キ物抜書」一六二）。

天正六年の耳川合戦で大友氏が敗退すると、了栄は鎮永と相談して龍造寺氏に味方することを示す起請文を提出している（「永野御書キ物抜書」一六四）。原田了栄は子息草野鎮永を通じて隆信に味方する姿勢を鮮明にしたのである。

その後、了栄は大友氏と敵対しており、天正七年（一五七九）に筑前生《いき》の松原で大友氏の軍勢と戦い、敗退している。了栄敗退後に隆信は筑前出兵を開始していることから、龍造寺氏の筑前出兵には原田氏の動向が大きく関わっていたと判断してよい。この筑前出兵に先立って隆信は、以下のような文書を発給している。

又当陣乗替候儀候、山下表之儀、程有間敷候由存候、吉左右自是可申入候、

勝一江書状披見候、

一、筑前表動之儀者、何時茂至了栄（原田）・鎮恒（筑紫）被申談候て、可然間家種一手之衆計にてハ、可為無用候、

一、安楽平儀、是又少人数にて、さのみ詰たて無用存候、城内衆も候者、無残所候間、若身捨防戦候之てハ、無心元候、

一、其境之儀、自爰許者遠方候条、不及校量候、行何編其方見合次第肝要候、恐々謹言、

七月十九日　　隆信御判

執越参（執行種兼）　　龍山

申給へ　　隆信

この文書は、幕末期に佐賀藩の国学者として知られる枝吉神陽が書き写した文書であり、原本は残されていない。宛名にある「執越」とは龍造寺氏の家臣執行越前守種兼のことである。追而書の部分に「山下表之儀、程有間敷候由存候」とあるように、龍造寺氏が上蒲池氏の山下城を攻撃中だというので、この文書は隆信が上蒲池氏を攻めて降伏させた天正七年に発給されたと判断してよい。

まず一条目では、筑前での軍事活動は原田了栄および筑紫鎮恒と相談して行い、江上家種が単独で戦闘をしてはならないとしている。ここから、筑前には隆信自身が出陣するのではなく、隆信の子で江上家を継いだ家種を派遣していることがわかる。

二条目では、安楽平城に籠城する兵の数（攻め手の可能性もある）は多くないので、執拗に攻めると

城側が身を捨てて防戦する可能性があり、無理に攻める必要はないとしている。

三条目では、筑前境である三瀬峠は筑後より遠方なので、何度も戦闘を仕掛けることは見合わせるように伝えている。

先述したように、草野鎮永は原田了栄の子であり、了栄が龍造寺氏から寝返った場合には、草野鎮永もこれに同意する可能性がでてくる。両者が寝返った場合には、筑後平定のための戦闘継続が難しくなると同時に、龍造寺氏による肥前北部の支配も大きく揺らぐことになる。こうした事態を回避すべく、隆信は原田氏を支援する名目で筑前に兵を派遣したと思われる。

この文書の内容を総合すると、隆信は筑前での無理な戦闘を回避させようとする指示を出している。すなわち、筑前進出は原田氏との同盟に応え、かつ原田氏・草野氏の離反を防止するためのあくまで名目的な進出であったと判断してよい。

筑前進出の実態

天正七年九月に隆信は三瀬峠を越えて筑前早良郡に軍勢を派遣し、安楽平《あらひら》城を攻撃して小田部《こたべ》紹叱《じょうしつ》・紹逸を討ち取り、同城を陥落させている。これに伴い、秋月種実は再び筑前の高橋紹運への攻撃を開始し、原田了栄は家臣を派遣して龍造寺氏への忠節を示すと同時に本拠地である高祖《たかす》城を隆信に差し出す姿勢をみせている（「永野御書キ物抜書」一〇〇・一〇二）。

ただ、隆信の方針は筑前での戦闘を極力控えさせることだった。近世の編纂物では安楽平城陥落の後、龍造寺氏の勢力は筑前全域に拡大していったとしているが、実際にはどういった状況だったのであろうか。

安楽平之義者、春以来敵聢依取詰、度々防戦雖被励粉骨候、粮依払底、下城之由候、不及是非候、
仍統《（小田部）》房事、当時至立花表滞在之由候、先以肝要候、然者浦部表之儀、無残所励《（動カ）》案中候、此時者、
諸■堺目可任下知候之条、道雪《（戸次）》被申談、帰城之才覚不可有油断候、前日御使茂其元立柄銘々示給候、
得　其意候、猶重々可申候、恐々謹言、

七月廿五日　　　　　　義統《（大友）》　御判

小田部源次郎殿

この文書は、安楽平城陥落の翌年である天正八年に発給されたと思われる（「小田部文書（小田部睦子氏旧蔵）」二）。文書によると、大友宗麟の子義統は安楽平城陥落後、小田部統房が立花表に滞在していることを確認した上で、立花城主戸次道雪と相談して帰城の策を講じるよう指示していることがわかる。

ここからは、安楽平城陥落後も生き残った小田部氏の一族の残党は立花城に逃亡し、戸次道雪と連繋して安楽平城奪還の機会をうかがっていることがわかる。また、龍造寺氏の軍勢は安楽平城を攻略すると、隆信の指示に従ってそれ以上の軍事活動を実施していない様子もうかがえる。

安楽平城陥落後に龍造寺氏は、安楽平城を救援するために大友氏が派遣した小佐井《こざい》大和守を討ち取った空閑三河守に早良郡の地を宛行う坪付を発給している（「多久家所蔵文書」八・一三）。しかし、早良郡内の地を宛行われた空閑氏が給地の支配を行った様子はみられない。ここから、龍造寺氏の筑前

進出は早良郡で止まっており、それ以外の地域に及んでいないことがうかがえる。

おそらく、安楽平城攻略後、龍造寺氏の軍勢が筑前・豊前を席巻することはなかったと思われる。実際にはそれ以上の軍事活動を避けて、早々に筑前から撤退したと判断してよい。その理由として、筑後の状況が挙げられる。先述したように、筑後では国衆の反抗が跡を絶たず、龍造寺氏は戦力を筑後方面に注力させることになる。

以上のことを踏まえると、龍造寺氏の筑前出兵は必ずしも同国を制圧するためではなく、あくまで原田氏をはじめ国衆をつなぎとめることを目的とするものであった。したがって、天正七年における安楽平城攻撃を筑前進出として捉えることは早計で、故に龍造寺氏の勢力が筑前に及んだと理解することはできないのである。

豊前・壱岐・対馬への侵攻をどう捉えるか

これまで明らかにした内容から、龍造寺隆信は天正六年に筑後だけでなく肥後・筑前にも進出したものの、これらの国々の支配権を確立するには至らなかったと考えられる。すなわち、隆信はこれまでいわれている「五州二島の太守」と称されるような戦果を上げたとは言い難いと結論づけてよい。近世の人々が龍造寺氏の三ヶ国進出を拡大解釈し、隆信を「五州二島の太守」として祭り上げたのである。

そう考えると、近世の編纂物で隆信が豊前・壱岐・対馬に進出したと位置づけられた点はどう捉えるべきであろうか。

まず豊前侵攻について近世の編纂物では、隆信の弟信周が先に派遣され、これに秋月種実の子高橋元種が加わって豊前に侵入したことにより、豊前の国衆は次々と龍造寺氏に下り、豊前平定が成立したという。

これまでの考察の結果、隆信が豊前に進出したことを裏付ける史料はみられなかった。したがって、近世の編纂物の記述は誤記と思われるが、龍造寺氏が豊前とまったく無関係であったとまでは言い難い。「永野御書キ物抜書」には、豊前の国衆長野統重が隆信に送った起請文が残っている。この起請文は統重が龍造寺氏と密通していること、そして隆信・政家よりいかなる密議が開かれても口外他言しないことが示されている（「永野御書キ物抜書」一四八）。佐藤凌成は、この起請文から長野氏が龍造寺氏と対等に近い関係で接していたと分析している（佐藤凌成「十六世紀後半の大名領国周縁における国人の動向」）。また佐藤は、長野氏が秋月氏とつながっていたことを指摘しており、長野氏は秋月氏との関係から隆信に起請文を提出したと考えられる。あるいはこの起請文の存在が、近世において龍造寺氏の勢力が豊前に及んだと拡大解釈される要因になったと推測することもできる。

壱岐・対馬については川副義敦がその著書において、対馬宗氏を研究する荒木和憲の見解を紹介している。川副のまとめによると、荒木は対馬に龍造寺氏の権力が及んでいた形跡はみられないとした上で、隆信以前に肥前を支配していた少弐氏が「三前（筑前・肥前・豊前）二島（壱岐・対馬）」の守護であったため、これを越える権威付けのために「五州二島」を用いたのではないかとしている（川副義敦『戦国の肥前と龍造寺隆信』）。

第二章でも示したが、天文年間において宗氏は龍造寺氏に盛んに文書を発給して、一族である少弐氏支援を要請している。この事例から宗氏と龍造寺氏はまったく無縁ではなかったといえるが、宗氏と龍造寺氏の関係が後世において拡大解釈された可能性も十分考えられる。

ともかく、隆信が対馬・壱岐を支配した形跡はみられない。すると、やはり龍造寺氏を「二島」の領主として位置づけることは難しいと判断してよい。

第七章　島原合戦と隆信の戦死

1　龍造寺氏をめぐる政治情勢

「沖田畷の戦い」の名称について

島原半島における龍造寺氏と島津氏の抗争は、しばしば「沖田畷《おきたなわて》の戦い」とよばれ、現在まで知られている。しかし、筆者は以前からこの名称に違和感があり、論文執筆の際には「沖田畷の戦い」の使用を避けてきた。なぜなら、当該期の史料を調べても、「沖田畷」と記されたものがみつからなかったからである。

ただ、江戸中期の寛延年間（一七四八〜一七五一）に成立したとされる『豊薩軍記』には、「沖田畷」が見られる。同じく江戸中期に成立した『葉隠』では「沖田太原」という記述もある。ここから、「沖田畷」という地名は少なくとも江戸中期に成立したと考えることができる。

川副博も著書に「沖田畷戦陣図」とある軍勢の配置を示す図は掲載しているものの、合戦の名称は

「島原陣」としている。

あるいは、この図こそが、島原における抗争を「沖田畷の戦い」と名付けるきっかけの一つになったと推測される。川副博『日本の武将四五　龍造寺隆信』は、先述したように子息川副義敦が一部改訂を加えた上で、平成一八年（二〇〇六）に佐賀新聞社から改めて出版されているが、その際、川副義敦は図に「島原陣（沖田畷の戦）」とのキャプションを付している。この頃から、島原半島における抗争が「沖田畷の戦い」として定着したようだ。

しかしながら、「沖田畷の戦い」が起こったとされる天正一二年三月の戦いは、後述するように、「沖田畷」と称される地域以外に島原半島沿岸部でも展開されたことが確認できる。

したがって、本書では龍造寺氏と島津氏の抗争を「沖田畷の戦い」とよぶことを避けたい。とはいえ、島原およびその付近で戦闘が行われたことは間違いないので、「島原合戦」と名付けて論を展開していくことにする。

島原合戦の原因

隆信は、第五章でも述べたように天正六年頃より島原半島に勢力を及ぼしていた。その際、隆信に反抗した有馬晴信をはじめとする島原半島の国衆だったが、一度は隆信に従属する姿勢を示した。

しかし、天正一〇年（一五八二）に晴信が島原半島北西に位置する千々石《ちぢわ》城を攻撃して龍造寺氏に反旗を翻したことにより、島原半島の国衆の中には有馬氏に同調する者もでてきた（外山幹夫『肥前有馬一族』）。

この千々石城攻撃の時、晴信は肥後八代に着陣した島津義弘に救援を求めている。晴信がなぜ島津氏と連絡をとることができたのか、その理由について新名一仁は、島原半島対岸の名和氏、さらに松浦《まつら》氏と島津義弘の弟家久との関係があったことを指摘している（新名一仁『島津四兄弟の九州統一戦』）。

救援の求めに対して、義弘は山田有信と鎌田政広を派遣して状況を確認した上で、一一月二〇日に川上久隅らの軍勢を島原半島に派遣している。半島に上陸した島津軍は深江で龍造寺側の軍勢と交戦となり、有馬勢と協力して千々石城を攻撃するなど、龍造寺氏への攻勢を展開している（『上井覚兼日記』天正一〇年一一月二五日・一二月五日条）。

同じ頃、八代の島津氏のもとには筑後の国衆である田尻鑑種からも救援依頼がきていた。この救援依頼の時、鑑種は居城鷹尾城を龍造寺氏に包囲されている状態であった。ただ、鷹尾城には武器・兵糧が十分にあり、包囲する龍造寺軍もあまり多勢ではないので、海上から兵船を五〇艘か一〇〇艘派遣して海上からの「荷籠《にごめ》」（城への荷物の輸送）を依頼している（『上井覚兼日記』天正一〇年一一月二五日条）。

一方、肥後方面においては、隈本城に在番する島津勢が日平城を攻撃して、霜野《しもの》城への攻撃を決めている。これに対して、龍造寺軍は肥後の要港高瀬に在陣して島津勢を迎え撃つ姿勢を示している（『上井覚兼日記』天正一〇年一二月二・二五日条）。

このように、龍造寺氏と島津氏の間では、島原半島・筑後・肥後の三方面で対立が生じていたのである。

島津氏は有馬氏の要請に応じて積極的に軍事活動を展開しているが、これに隆信が対応した形跡は史料にみられない。

隆信の対応

前章で明らかにしたように、当時の龍造寺氏が秋月種実と同盟して筑前・筑後方面での軍事活動に注力していたためであり、島原半島にまで目を向けることができなかったのである。

隆信が肥前以外の国々へ進出していた頃、種実は肥前東部を拠点とする筑紫鎮恒を味方につけて、筑前に赴任した大友氏重臣戸次道雪・高橋紹運《じょううん》への攻勢を強めている。

当時、大友氏の本国豊後では、種実の舅である田原宗亀（親宏）の婿養子にあたる親貫が大友宗麟・義統に反抗する姿勢を示していた。親貫の反乱が起こった頃、種実は豊前国宇佐郡を本拠とする萩原氏を味方につけ、子息高橋元種とともに蜂起させるなどして、大友氏の領国を内部から崩壊させようとしていた。

そして、種実は隆信との連携をもとに、周辺の国衆を味方につけようとしている。例えば、筑後山間部の国衆星野氏を味方につけて大友氏側の問注所氏の拠点である生葉郡長岩城攻めを行っている。この攻撃にあたり、種実は毛利氏とも連絡を取っており、毛利氏の権力を背景に宗像氏を味方につけようとしている（中村知裕「秋月種実考」）。

種実は隆信の肥前以外への進出のタイミングをはかって、国衆を味方につけながら筑前・筑後・豊前の三ヶ国に争乱を広げて大友氏を攪乱しようとしていたのである。

先述したように、天正九年に秋月氏と龍造寺氏の軍勢が連繫して豊後・筑後の国境に位置する針目山（朝倉市）に現れたので、大友宗麟は軍勢を英彦山《ひこさん》に在陣させるよう命じている。この当時、織田信長だけでなく、九州の国衆も秋月種実と龍造寺隆信が連繋したと捉えていた（中村知裕「永禄・天正期九州の争乱と秋月種実」）。

龍造寺氏の動きの一方で、隆信に反抗する田尻氏の鷹尾城には島津軍からの救援物資が到着し、田尻氏は勢いづくことになる（『上井覚兼日記』天正一一年一〇月二五日条）。

隆信は須古に隠退したのか

右記で明らかにしたことを踏まえると、隆信の動向に関して一つの疑問が生じる。それは隆信が須古に隠退したのか否かということである。

一般的に、天正九年に政家に家督を譲った隆信は村中城を出て須古城を居城にしたとされている。しかし、龍造寺氏が筑後・肥後・筑前に進出するとともに、種実と連繋して大友氏への攻勢を強めていることを考慮すると、果たして隆信は須古城を拠点としたのか疑問が生じるのである。

筆者がこの疑問を示した理由は、もう一つある。それは隆信が須古城にいたことを示す史料がきわめて少ないのである。

確かに隆信は、西肥前侵攻の過程で平井氏を攻略した後、須古城を引き崩して新たに普請しており、一度はここに移った形跡も見られる（「永野御書キ物抜書」七）。これを受けて政家も隠居料を定めて隆信に与えている（「永野御書キ物抜書」八九）。

しかし、堀本一繁が指摘するように、隆信は政家との二頭政治を進めていたことから、隆信が須古に居住するとさまざまな不都合が生じたと考えられる。

隆信の隠居所となった須古は、離反するおそれのある大村氏や有馬氏などの国衆に睨みをきかせることが可能な立地であった。

大村氏など肥前西部の国衆との連絡は、主に後藤氏を継承した家信が担っており、隆信が連絡に関与した形跡はみられない。しかも、政家が家督を継承した頃の龍造寺氏の戦線は東側に展開されており、須古にあっては十分な指令を下すことは困難であったと考えられる。

そのため、隆信は一度は須古に居住地を移したものの、ほどなくして村中城に戻ったと考えられる。隆信が村中城に戻ったことを証明するため、次の文書をみよう（「高城寺文書」七八・七九）。

高城寺御領南里米納津其外、至御寺領、其領主郷司、聊違乱之儀申仁、向後有間敷候、殊此節、質券買地之取沙汰、武領ニ可相替候、悉皆可被任御存分候、若違乱之儀申者於有之者、以彼一通、可被仰澄候、為後日之状如件

天正十一年　　　　　　　　　　龍造寺山城守

霜月廿五日　　　　　　　　　　隆信（花押）

高城寺参

春日山高城寺御寺領之事、南里米納津其外所々在之、然者、至御寺領、相当之領主郷司等押妨之儀不可有之、自然質券買地等之取沙汰、雖為出来、寺免之事、武領仁不可致混乱、若至理不尽之族、

以此証状、被仰達者也、仍為後日之状如件
　天正十一年十一月廿五日　　　　　　　政家（花押）
　高城寺

これらによると、高城寺は当時寺領を実質的に管理する領主の押妨、ならびに寺領を領主によって武領に編成される状況に悩まされていた。これに対して隆信が高城寺の意向に任せて、もし違乱が生じた場合には訴えるように伝え、同日に政家も同様の命令を高城寺に下している。

右の文書にあるように、二人が同様の命令を同日に下すためには、隆信と政家が離れていては難しかったと思われる。したがって、天正一一年の時点で隆信は須古城ではなく、村中城にいたと判断してよい。隆信は筑後・肥後の混沌とした状況に対処するため、距離が近い村中城にいることが有効だと判断したと思われる。

2　隆信の戦死

島津氏との和平

先述したように、筑後・肥後・肥前の三ヶ所で龍造寺氏と島津氏の抗争が展開されていた。このうち、筑後では田尻氏が島津氏の支援のもとで頑強に抵抗しており、肥後では八代と隈本に在陣する島津勢が攻勢を強めていた。また、肥前島原では島津氏の軍勢は一度撤退したものの、有馬氏が依然として龍造寺氏に対抗する意思を示すなど、三つの戦線はいずれも膠着状態に陥っていた。

その中で、秋月種実が天正一一年九月に島津氏に対して龍造寺氏との和平を提案した。すなわち、種実は島津義久を「九州之守護」と仰ぎ、秋月氏・龍造寺氏が島津氏に従属して、協力しながら大友氏を討つことを提案したのである。九月には島津軍は島原半島に進出して、龍造寺氏に味方する国衆との抗争を続けていた。これに対して種実は、島津氏に島原半島から兵を撤収させることを要望している。

撤収をもとに島津義久は和平を進めることを決め、秋月氏の使者にその旨を伝えている。この和平に隆信はどう反応したのであろうか。新名一仁は近世の編纂物の記述から、龍造寺氏側が和平に応じて政家が肥後から撤退し、肥後国内における島津領と龍造寺領の境が決められたと指摘している（新名一仁『島津四兄弟の九州統一戦』）。

しかし、隆信に対して種実から和平が本当に提案されたのか、また隆信が和平にどういった反応を示したのか、筆者はそれらのことを具体的に示す史料を見出すことができなかった。

当時の種実は大友氏の重臣戸次道雪・高橋紹運に攻勢を阻まれていた。この状況を踏まえると、種実には島津氏と龍造寺氏との和平を隆信に打診することができなかった可能性も考えられる。

隆信の島原出陣

種実が提案したとされる龍造寺氏と島津氏との和平は、島津側の判断によって破綻に追い込まれる。

天正一二年正月に鹿児島で行われた「談合」の結果、島津氏は島原半島への出兵を決定し、八代に在陣する島津家久を総大将とする軍勢を派遣することになった。当主義久も肥後佐敷《さじき》に出陣することになり、島津氏領内から渡海のための兵船がかき集められた（中村知裕『戦国期の交通と権力』）。

これに対して、隆信も島原半島に出陣を決める。政家に家督を譲って以後、隆信は基本的に戦地に赴くことは少なくなっていたが、なぜここに至って隆信自らが島原に出陣することになったのであろうか。

これには、いくつかの理由があった。

第一に挙げられるのが子政家の存在である。家督継承と前後して政家は肥後方面に出陣し、一度は同国の国衆を従えたかのようにみえたものの、国衆はすぐに龍造寺氏から離反するなど、十分な戦果を上げたとは言い難い。

本来ならば家督を継承した政家が軍を率い、自らの軍事指揮官としての器量を家中に示す必要があった。しかし、肥後での戦果から隆信は、政家を指揮官とすることの危険性を察知し、政家では島津軍に対抗できないと判断したと思われる。

第二の理由としては、天正一一年一二月に鷹尾城に籠城を続けていた田尻氏が隆信に降伏したことが挙げられる。これにより隆信は肥前島原・筑後・肥後の三ヶ所に広がった戦線の一つを終わらせた。そのため、隆信は島原方面の戦線に注力することが可能になったのである。

さらに隆信が肥後ではなく島原半島に出陣した理由として、海軍力を得たことが挙げられる。隆信が肥前統一戦の過程で肥前北部の伊万里津で造船を実施していたことは、第四章において述べた。これに加えて、隆信は島原半島沿岸部で活動する海賊衆である田雑氏を味方につけており、有明海における兵船の運用が可能となった。隆信は海路を使って兵と物資の円滑な輸送を実現することができるようになったのである（「横岳文書」一二三）。

隆信は島津氏との戦いに向けて、天正一一年頃には当時毛利氏に仕えていた安国寺恵瓊を通じて羽柴秀吉とも連絡をとっていた。秀吉は賤ヶ岳の戦いで織田家の重臣柴田勝家に勝利して、織田信長の継承者としての立場を確立していた時期にあたる。隆信の申し出に対して秀吉は、「しまつ《（島津）》一類かうへ《（頭）》をはねられ見せられ、いよいようつふん《（鬱憤）》をはらせられ候へく候」とあるように、隆信を支持する姿勢を見せた（「多久家有之候御書物写」六）。この事例から、隆信は全国統一を目指す秀吉との関係のもとに島津氏との戦闘を進めようとしていたと考えられる。

以上の理由により隆信自ら島原に出陣することになったが、それ以前からすでに島原半島に上陸していた島津軍は、有馬軍と協力して三月一五日に龍造寺氏に味方する島原純豊が籠もる浜の城を包囲した。

この行動に対して、隆信も大軍を率いて船で島原半島に向かい、隆信は浜の城に救援物資を輸送しようとしたが、島津・有馬軍の兵船によって阻まれている。そこで進路を深江にしたが、味方の船が有馬氏の船によって拿捕される事態が起こっている（一五八四年八月三一日付ルイス・フロイスの書簡『イエズス会士日本年報』上巻）。そのため隆信は海上での戦いを諦め、陸上から島津・有馬軍を攻めざ

佐敷御本陣の実見に
備へんと隆信の首を八
人にて擔ひ行けるに肥後
の高瀬川にいたり首
俄に重くあり動
いひつたふ

隆信の首

るえない状況となった。

ここに島原半島を舞台として龍造寺・島津両軍の衝突が起こる。

隆信の最期　戦闘は天正一二年（一五八四）三月二四日に起こっている。この戦いの様子については、龍造寺氏側から記した当時の記録はなく、近世の編纂物で描かれているだけである。

島津氏側の記録である『上井覚兼日記』も記主である覚兼自身がこの合戦には参加していないため、詳しい記述はみられない。島津氏家臣の中には合戦に参加した者があり、その戦功を記した記録がいくつかあるので参考になる。

ただ、この戦功書はいずれも近世において成立したものであり、かつ戦功を多少なりとも誇張する部分があるため、その扱いには慎重になる必要があり、かつ別の史料で裏付けを確認する必要がある。当時の戦いの様子を客観的に記したものとしては、イエズス会の記録が参考になる。なかでも一五八四年八月三一日付ルイス・フロイスの書簡（『イエズス会士日本年報』上巻）が当該期の状況を記したものとしては最も近い。したがって、本書ではイエズス会の記録をもとに島原合戦の様子をみていきたい。

合戦の時の龍造寺氏の軍勢について、近世の編纂物では五万人を越していたとされるのに対し、一五八四年（天正一二）九月三日付ルイス・フロイスの書簡（『イエズス会士日本年報』上巻）はその軍勢を二万五〇〇〇人としている。正確な数はわからないが、龍造寺軍は島津軍を上回る数の軍勢を動員していたと推測される。

隆信は軍を三列に分けて進軍させ、自らは兵六人が担いだ駕籠に乗っていた。すなわち「月の形」になって進撃して島津・有馬連合軍を包囲し、五〇〇挺の鉄砲を一斉射撃した。その後、槍をもって突撃し、銃と槍両方を用いて敵軍を攻め立てた。

隆信の攻撃に先立って、島津軍を統括する島津家久は大砲二門を大きな船に乗せて海上より龍造寺軍を砲撃しようとした。隆信の攻撃を受けた家久は大砲を据え付けた「キリシタンの船」に命じて、艦砲射撃を敢行して龍造寺軍の一角を崩した。これに乗じて家久も龍造寺軍に突入して激しい乱戦となるも隆信は巧みに兵を鼓舞して島津軍を迎撃した。隆信はこの戦に臨んで多くの銃火器を揃えていたが、銃弾を充填するひまもない戦況に陥ったため、島津軍は鉄砲の使用をあきらめて弓矢を用いる戦法に切り替え、龍造寺軍を苦しめた。

この乱戦の中で島津軍の川上忠堅が隆信の駕籠に近づいてきた。隆信は味方の兵が乱れたと考えて大声で兵を叱責したが、忠堅が駕籠を襲ったため、隆信は忠堅の槍にかかって戦死してしまったのである。

この合戦で勝利した島津家久は戦地三会《みえ》から引き返す途中、隆信の家臣江里口正右衛門に襲撃されて負傷するトラブルに見舞われたが、討たれた隆信の首は槍にかけられた状態で島津義久が在陣する肥後国佐敷に持ち去られた。

肥前を拠点に周辺諸国への軍事活動を展開し、大友氏・島津氏とも抗争を繰り広げた隆信は、壮絶な戦闘の末、あっけなく討ちとられたのである。

3 なぜ隆信は戦死したのか

島津軍に対して数の上でも武器の上でも優勢であったはずであった隆信が、なぜ敗れてしまったのであろうか。いくつかの視点からみていこう。

火器の使用

まず龍造寺・島津両軍の火器使用についてである。三木靖は、島原合戦においては島津軍が龍造寺軍より火器を多く用いたので、勝利を得ることができたとしている（三木靖『薩摩島津氏』）。

確かに、島津軍側が大砲を搭載したポルトガル船から艦砲射撃を行うことによって、龍造寺軍の一角を崩したことを明らかにした。

この大砲については、「有馬の執政ドン・ジョアンというドン・プロタジョの叔父である甚だよきキリシタンの船に二門の大砲があって、よく順序を立ててこれを発射し」という記述からもわかるように、実際には島津氏と同盟関係にある有馬氏がイエズス会を通じて準備した武器であった（一五八四年八月三一日付ルイス・フロイスの書簡『イエズス会士日本年報』上巻）。また、龍造寺軍との乱戦において、島津軍は弾丸の装着に時間を要する銃ではなく、弓矢を用いていたことも確認される。

他方で龍造寺軍は、「軍隊の先頭にはモスキット銃に似た大きな銃千挺（中略）また少数であったが、大砲を曳かせ、その後から前の如き他の銃隊が来たが、合わせて七、八千人に上るということであった」とあるように、多くの銃を用いて戦闘に臨んでいた（一五八四年八月三一日付ルイス・フロイスの書簡『イエズス会士日本年報』上巻）。

島原合戦では、「この間に隆信の軍は非常な勢で月の形になって進撃し、中務とドン・プロタジョの軍を包囲し、第一に銃五百挺を一斉発射した」とあり、さらに「敵は激しく銃を発射し、暫くの間、弾丸は雨の降るようであった」とあるように、多くの銃を戦闘に用いていたことが確認できる（一五八四年八月三一日付ルイス・フロイスの書簡『イエズス会士日本年報』上巻）。

したがって島原合戦においては龍造寺・島津両軍ともに銃・大砲といった火器を用意して、これを使用しているため、火器の差が勝敗を決していたとは考えられない。

両軍の海軍力

次に両軍の海軍力の点から隆信が敗北した理由を探っていきたい。

島津軍がその拠点である八代から島原半島に向かう際には、船を用いて八代海を渡海する必要があった。これに対して、龍造寺軍も兵船を用いて軍勢の移動を行っている。移動の際、隆信は味方する島原氏を救援するための兵船を差し向けている。これに関しては次のような記事がみえる（一五八四年八月三一日付ルイス・フロイスの書簡『イエズス会士日本年報』上巻）。

この間佐賀より隆信が島原の城に送った糧食及び酒を積んだ二十艘の船が来たが、入港することができないため、深江の城に向はんとした。その時わが艦隊が急に来たが、敵船の乗組員が陸地に遁れたため、多くの抵抗を受けず、船とこれに積んだ物を奪った（中略）隆信はまた約五十艘の船で司令官引率の兵五千を派遣し、島原の城に入らしめんとしたが、高来及び薩摩の船が多数島原を囲んでいたため上陸することができず、三会の城に入り、到着の当日大なる行動を起こす様子を見せたが、薩摩の兵が彼等の来着を見て急激に追撃し、三会城の門に達したので、彼等は生命を全うするため急に城内に遁げ入った。

これによると、島原城を救援するため海上から物資を輸送しようとしたが、入港できなかった。そこで深江城に向かおうとしたが、イエズス会が支援する島津氏・有馬氏の船に拿捕されている。また隆信は五〇艘もの船に五〇〇〇人の軍勢を乗せて島原城に入れようとしたが島津・有馬連合軍の兵船に阻まれたので、三会城に入っている。

右の史料から、隆信は多数の兵船を有しているにもかかわらず、島津・有馬連合軍の兵船に阻まれていることがわかる。この戦の時、隆信はイエズス会の船からの妨害を受けていた。隆信としては、海陸両面から島津・有馬連合軍を攻撃しようとしていたが、実際には有馬・島津軍の兵船および外国船の妨害により、陸上からのみ攻撃を行わざるえない状況に陥ったのである。

この事例では、島津氏の兵船の規模と具体的な船数がわからない。隆信が戦死した後、島津義久は重臣の上井覚兼と伊集院忠棟に命じて有明海沿岸部において龍造寺氏に味方する勢力を攻撃することを命じている。その規模は一〇〇艘近くにのぼり、かつ日向で建造した大船も出撃させている。兵船は有明海の諸城を次々と落とし、島津氏の勢力は伊佐早にも及ぼうとしていた（『上井覚兼日記』天正一二年四月一〇〜三〇日条)。

ただ、島津軍の兵船は統率がとれた行動をしたとは言い難く、日向で建造された大船はあるものの、船数の大半は島津氏領内からかき集められた小規模なもので、かつ臨時的なものであった。しかしながら、戦国期の南九州地方には戦闘において兵船の操作に巧みな国衆が存在し、海上から敵対する勢力を攻撃する場合もあるなど、日常敵に兵船が用いられていたことがわかる(中村知裕『戦国期の交通と権力』)。

隆信が海賊衆の田雑氏を味方につけたことにより有明海での航行が可能になったことは先述したが、海軍力に関しては龍造寺氏よりも島津氏の方が一枚上手であったと考えられる。こうした兵力の状況が島原合戦においても大きく作用したと判断してよい。

イエズス会の関与

日本におけるキリスト教の布教に尽力したイエズス会との関係から島原合戦をみていきたい。

島原合戦においてイエズス会は龍造寺氏による物資輸送を阻止し、かつ大砲を用いて龍造寺軍の一角を崩している。

この事実を踏まえると、隆信戦死の理由の一つとしてイエズス会の動きについても着目する必要がある。

これに関してイエズス会宣教師の記録を見ていくと、イエズス会の隆信に対する人物評はとかく辛辣であり、隆信のことを「暴君」「暴虐」「惨酷暴戻」とするなど、隆信を敵視し、かつ散々に酷評し

島原合戦古戦場跡にある龍造寺隆信供養塔

ている。

というのも先述したように、隆信が下蒲池氏を滅ぼしただけでなく、キリスト教を保護する大村氏も謀殺する恐れから生じた評価であった。

その隆信は同じくキリスト教を保護する有馬氏とも対峙した。このことがいっそうイエズス会の隆信への反発を高めている。

これに関しては、次のような記述があるのでみていこう（一五八二年二月一五日付ガスパル・コエリヨの書簡『イエズス会士日本年報』上巻）。

龍造寺といふ甚だ有力な異教の領主があって数年前より豊後の王に背き、肥前及び筑後国を打ち従えた後、豊後の王の他の領国に侵入し、本年はまた肥後国の領主となり、その勢力が非常に増大したため、肥後下の領主達は皆大いに彼を怖れ、特に有馬及び大村の領主はすでに彼に服従しているが、他の領主に対したるとほり、彼等を亡し了らんことを懸念している。

この史料によると、イエズス会は隆信が領内でキリスト教の信仰を認めた大友宗麟と敵対し、さらにイエズス会に布教地を寄進した大村純忠・有馬晴信は隆信に服従したとしており、その他の国衆も隆信を怖れていたと記されている。この記述から、イエズス会は隆信を改めてキリスト教の信仰を阻害する人物として捉えていたことがわかる。

ただし、隆信自身はキリスト教を迫害する姿勢を示したことはない。なぜなら、イエズス会のガスパル・コエリヨが村中城を訪れた際、隆信はイエズス会に好意的な姿勢を示し、領内におけるキリスト教の布教を容認することを約束するなど、イエズス会の訪問を歓迎する様子がみえるからである（一五八二年二月一五日付ガスパル・コエリヨの書簡『イエズス会士日本年報』上巻）。

しかしながら、イエズス会はキリスト教を容認する勢力と悉く対立する隆信をキリスト教の布教を阻害する人物に認定した。そのため、イエズス会は島原合戦の際、大砲を有馬・島津連合軍に届けて、海上から隆信の軍事活動を妨害したと考えられる。

こうしたイエズス会の存在も隆信の敗北を招いた要因の一つとして位置づけることができる。すなわち、島原合戦は単に龍造寺氏と島津氏の抗争ではなく、龍造寺氏対島津氏・有馬氏・イエズス会の連合の構図で捉えることもできるのである。

終章　隆信死後の龍造寺氏

1　龍造寺家における鍋島直茂の台頭

島原合戦における隆信の戦死により龍造寺氏家中は大混乱に陥ったと推測されるが、この事態に対して政家を中心とする龍造寺氏はどう対処したのであろうか。

隆信戦死後における龍造寺氏の体制

第五章でも述べたように、隆信は戦死する以前の段階ですでに家督を嫡子政家に譲っていた。そのため政家がまずリーダーシップを発揮しなければならなかったが、政家は家臣団と共同してこの難局に立ち向かう方式を選択した。そして、政家と家臣団は筑後支配を担当していた鍋島直茂を龍造寺氏の中枢におよび戻している（藤野保「竜造寺・鍋島両氏と公儀権力」）。

これにより、政家を隆信の弟龍造寺信周、胤栄の弟家就、重臣鍋島直茂という三人で補佐する体制が成立する。

隆信戦死後、島津義久は多数の兵船を用いて海上から龍造寺氏の領国を攻撃していた。攻撃に対して、西肥前を統括していた後藤家信は領内の村々に沿岸部の城郭の整備を命じている（「後藤家事蹟」）。しかし結局、龍造寺政家は島津氏に降伏してその幕下に入る選択をしている。他方領内においては、村々の村長ともいえる庄屋の基本給与である「庄屋給」をそのまま認め、隆信戦死に伴う村々の動揺を未然に防ごうとしている（「西持院文書」七・八）。

天正一四年には政家は龍造寺家中の家裁判を直茂に任せることを家中に宣言している（「藤龍家譜所収文書」三一・三二）。

こうした政策により、領内は大きな混乱もなく、肥前における龍造寺氏の勢力も守られることになる。先述のように隆信戦死後、龍造寺氏は島津氏の幕下となった。ところが天正一四年一〇月には、豊臣秀吉に帰順する姿勢を示してこれを認められている（「御代々御感書類」）。その後、島津氏が豊後に侵攻した間隔をぬって政家・直茂は肥後に攻め入ったものの、秀吉からの書状を受け、佐賀に帰陣している（「直茂公譜考補所収文書」）。

政家は島津氏に下って大友氏に反抗した後、島津氏から豊臣政権に鞍替えしたことをこの帰陣は示すが、秀吉からはその姿勢を咎められることもなく、豊臣政権に味方する勢力と認識され、龍造寺氏の権力を維持するのに成功している。

秀吉の九州国分けと鍋島直茂

龍造寺氏が秀吉に処罰されることなく存続した背景には、鍋島直茂の存在がある。

岩松要輔が明らかにしているように、直茂は龍造寺氏の外交も担当しており、そのつながりは、本能寺の変が起きて秀吉が明智光秀を討ち取った天正一〇年（一五八二）にまで遡ることができる（岩松要輔『鍋島直茂』）。天正一〇年に直茂は山崎の戦いに勝利した秀吉からの返書を受け取っている（「鍋島家文書」二）。隆信戦死後に直茂は毛利氏の重臣小早川隆景を通じて秀吉との外交を進め、まず成富茂安を、後に千布《ちふ》賢利を上洛させている。

こうした秀吉とのつながりにより、直茂はその地位を大きく飛躍させることになる。九州平定後の秀吉は大規模な九州国替を行う。これにより、政家には肥前国のうち七郡（佐賀・小城・神崎・三根・杵島・藤津・松浦）が、直茂にも肥前養父《やぶ》郡半分と高来郡の一部がそれぞれ与えられ、豊臣政権に取り立てられたのである。

天正一五年（一五八七）に起こった肥後国人一揆を治めたことにより、直茂は豊臣政権の九州支配において欠かせない人物となり、その存在を知らしめることになる。

肥後国人一揆は、肥後国を治めるようになった佐々成政が肥後国衆と軋轢を生んだことによって生じたものである。当然、秀吉は隣国に位置する龍造寺政家にも出陣を命じた。当初は政家が龍造寺軍の指揮を執ると決定していたが病気と称して出陣しなかったので、その代わりに大坂から戻った直茂が急遽指揮することになった。

しかし、秀吉が直茂に龍造寺氏と小早川氏とを協力させて敵とあたるように指示していたことから、秀吉は初めから政家ではなく直茂に龍造寺軍を指揮させようとしていた可能性がある。寺井から肥後に向けて出陣した直茂は肥後に派遣された豊臣政権の諸将と密に連絡をとりながら、反乱を起こした国衆を次々と鎮圧する戦功を上げている（「鍋島家文書」九・一〇）。

翌天正一六年（一五八八）七月、政家は秀吉から肥前を宛行われたお礼のために直茂と嫡子長法師丸（後の龍造寺高房）とともに上洛した。秀吉は政家を肥前守に任じ、羽柴・豊臣姓を下賜し、翌年には直茂と嫡子勝茂にも豊臣姓を下賜している。

天正一八年（一五九〇）正月、秀吉は長法師丸に三〇万石余の朱印状を渡し、うち四万石余を直茂に渡して領国の運営を任せている。これに伴い秀吉は同年二月に政家を隠居させ、隠居領を与えている。

政家が隠居させられた理由として肥後国人一揆に参加しなかったことが挙げられるが、その前後を見ていくと秀吉は直茂を用いて九州支配を進めようとしていることから、秀吉による直茂の登用が大きく関わっていたと考えられる。

豊臣政権における直茂の登用

では豊臣政権において鍋島直茂はどういった役割を担っていたのであろうか。

天正一五年（一五八七）、秀吉が筑後発心城の草野家清を誅殺した際、秀吉は直茂を草野領の代官に任命している（「鍋島家文書」一八）。同年六月に秀吉が博多でバテレン追放令を発令した際には、直茂を長崎の代官に任命して年貢を城まで運送するよう命じている（「鍋島家文書」一七）。直茂の長崎代官就任は、南蛮人による人身売買を察知して長崎を直轄地としたことを特にきっかけとしたものであった。

以後、秀吉は代官である直茂を通じて長崎支配を進めている。

例えば、長崎において異国人と日本人が喧嘩に及んだ場合の裁定方法を直茂に指示するとともに、貿易における値段の決め方や貿易品の量目についても定めている（「鍋島家文書」二〇）。また、秀吉は直茂・加藤清正・黒田孝高らに長崎に着岸する外国船との商売の自由を認め、南蛮船が唐船を違乱した場合は厳しく対処するよう求めている。その他にも秀吉は直茂を通じて長崎支配に関する多くの法令を出している（「鍋島家文書」二一）。

すなわち、豊臣政権にとって直茂は長崎および九州支配の一翼を担う存在として位置づけられたと考えてよい。

秀吉の九州征伐後における同地の支配には主として黒田孝高をはじめ加藤清正・森吉政などが関与しているが、これらの人物はいずれも秀吉の家臣であっても九州出身ではない。秀吉としては、九州支配をする上で現地の実情を知る人物を必要としていたと推測される。この経緯により秀吉に登用されたのが、肥前を本拠とし九州征伐以前より秀吉とのつながりが見られる直茂であった。そのため、秀吉の側も九州支配を固めるためには直茂の身分を保障する必要があったと考えられる。そこで龍造寺政家は隠居に追い込まれたと考えてよい。

2　鍋島氏への権力移行

朝鮮侵略における直茂と政家

文禄元年（一五九二）に豊臣政権は朝鮮侵略を行うが、その際、秀吉は政家とその子藤八郎（後の龍造寺高房）の存在を無視するかたちで直茂に軍役を課し、龍造寺軍の編成を委ねている。

そして直茂には一万二〇〇〇人の軍役が課され、加藤清正とともに二番手に属することになった（「鍋島家文書」三〇）。この時点で直茂は完全に肥前佐賀の領主として位置づけられていたのである。

一回目の朝鮮侵略である文禄の役において、直茂は加藤清正とともに行動し、その軍勢は中国東北部にまで達している。

進軍の最中の文禄元年（一五九二）一二月に政家は、突如として直茂に朝鮮半島への渡海を要望する行動に出ている。この渡海の要望は秀吉に許され、翌文禄二年（一五九三）四月に政家は釜山に到着している。到着の時、政家は朝鮮に渡海することなく国内に留め置かれた藤八郎の無事を確認する書状を送っていることから（「龍造寺家文書」二五六・二五七）、政家の行動は藤八郎を心配してのものであった。

こうした動きもあってか、朝鮮半島から無事に大坂へと戻った直茂は慶長二年（一五九七）五月に大坂の自邸に秀吉を招き、藤八郎に面会させている。この時、直茂は秀吉の家臣増田長盛の娘と藤八郎の縁組を要望するが、秀吉は藤八郎を直茂の家臣にするよう命じたとされている。

このエピソードでは、直茂が藤八郎を気にかけているように見える。しかし、秀吉と藤八郎の面会が行われる前年にあたる慶長元年（一五九六）に、龍造寺氏の一族および家臣は直茂とその子勝茂に対して忠誠を誓う起請文を作成している（「多久家有之候御書物写」七三）。すなわち龍造寺氏の一族・家臣団は直茂の権限が藤八郎ではなく、勝茂に継承されることをすでに承諾していたのである。

このように秀吉による直茂の登用が進む中で、政家とその子藤八郎は龍造寺家における立場を失う。

江戸幕府の成立と龍造寺氏

慶長二年（一五九七）の秀吉の死去により朝鮮侵略は終わり、慶長五年（一六〇〇）の関ヶ原の戦いで勝利した徳川家康は後に江戸幕府を開くことになる。

直茂は慶長の役後朝鮮半島から帰国すると、家康側近閑室元佶《かんしつげんきつ》を通じて黒田如水（孝高）とともに徳川家康のもとを訪れている（「坊所鍋島家文書」四）。この直茂の動きに関して岩松要輔は、朝鮮侵略において加藤清正や黒田長政と行動をともにしたことが影響したとしている（岩松要輔『鍋島直茂』）。

秀吉死後、家康と石田三成の対立が表面化すると、直茂は家康と毛利輝元を天秤にかけて、どちらに付けば龍造寺家の安泰がはかれるのか、状況を見定める姿勢を示した。その後、隆信一七回忌の法要を行うことを名目に直茂が肥前に帰国しているうちに（「坊所鍋島家文書」一七）、子の勝茂は家康による上杉景勝討伐に遅参した上、石田三成率いる西軍に味方して伊勢安濃津《あのつ》城攻撃に参加していた。勝茂が西軍に参加した理由について、近世の編纂物では近江愛知《えち》川で石田三成の兄正澄に上杉景勝討伐を阻まれて説得されたことにより西軍についたとしている。しかし、実際には直茂・勝茂は西軍の毛利輝元とも親しくした形跡が見え、また大坂にいた藤八郎の安全を確保するためもあり、勝茂は西軍に味方したものと思われる（「多久家書物」二）。

西軍の関ヶ原敗戦後、勝茂は大坂に撤退して家康に謝罪している。これに対して家康は勝茂を許し、西軍に属して筑後柳川に帰還した立花宗茂を討つよう命じている。

この命令を受けた直茂は佐賀に戻った勝茂とともに軍勢を編成して筑後に侵入し、小早川秀包《ひでかね》の久留米城を開城させ、筑後八院《はちいん》で立花宗茂の軍勢と抗戦し勝利している。黒田如水と加藤清正の使者が間に入って調停したことにより、立花宗茂は柳川城を出て肥後南関に蟄居している。この後、直茂は家康に対する忠誠を示すため、島津氏討伐を名目に肥後佐敷に進出しているが、討伐できずに撤退している。

結局、直茂・勝茂は立花宗茂を攻めた功績により家康から領国の安堵を受け、勝茂が家康の養女と縁組みをするなど、徳川家との関係を緊密にしている。

領国安堵の際、藤八郎も従五位下駿河守に任ぜられ高房と名乗っているが、慶長一二年（一六〇七）に妻室を殺して自ら割腹した末に亡くなり、隠居していた政家も同年に死去している。高房の死により龍造寺氏家臣が江戸城に登城して正式に龍造寺氏の権力を継承したとこれまでの研究でいわれているが、これに関しては、近年、高房が死ぬ以前の段階で正式な継承が済んだとする研究も出ている。

高房には村田安良や佐野源四郎といった弟がいるが、これらは直茂・勝茂の家臣となり、鍋島氏に仕えることになる。これにより、鍋島氏が龍造寺氏の領国を継承して佐賀藩の藩政を主導することになる。

その不可解な死のために、後年に高房が亡霊になったという噂が流布した。この噂が転じて江戸後期には龍造寺氏の飼い猫が鍋島氏を苦しめる鍋島化け猫騒動として語り継がれ、歌舞伎の演目としても上演されることになる。

龍造寺から鍋島への権力移譲は安定的に進んだようにみえるが、高房には伯庵という遺児がおり、この人物が新たな問題を引き起こす。

龍造寺伯庵事件

寛永一一年（一六三四）閏七月に京都へと向かった伯庵は、当時上洛していた江戸幕府三代将軍徳川家光に龍造寺氏の再興を訴えたのである。

伯庵は幼少の頃より隆信が修行していた宝琳院に預けられて出家し、佐賀藩の監視下におかれていた。ところが寛永七年（一六三〇）に佐賀を出奔し、寛永一一年の直訴まで行方知れずとなっていた。

こうした伯庵の佐賀出奔と幕府への提訴の背景には、鍋島氏への家督継承に不満をもつ龍造寺一族の後ろ盾があった。隆信の子江上家種の子勝山勝種、高房の弟朝山将監、そして龍造寺主膳が資金面で伯庵の活動を後押ししたのである。

江戸幕府が藩主鍋島勝茂に弁明を求めたところ、勝茂は多久（龍造寺）長信の子安順《やすとし》を江戸に出府させて弁明させている。安順は勝茂の正当性を幕府の前で主張している。

そのすぐ後に島原の乱があり、幕府の判決は正保元年（一六四四）とずれ込んだが、幕府は伯庵の訴えを却下して伯庵と勝山勝種を会津に送る判決を下した。これ以降、鍋島氏を支持した龍造寺氏一族は佐賀藩政を支える存在となる。

龍造寺伯庵事件で、伯庵に味方する龍造寺一族と、鍋島氏に味方する龍造寺一族の区別とが明確になったといえる。このことを踏まえて、佐賀藩政における龍造寺一族を整理しておく必要があろう。

龍造寺一族の動向

①諫早家（諫早鍋島家）

まず、かつて隆信と家督をめぐって争った鑑兼とその子家晴について述べていこう。鑑兼は隆信に敗北した後に許されているが、元亀元年（一五七〇）に死去し、子の家晴は龍造寺氏の重臣として活躍した。

家晴は伊佐早の西郷氏との戦いで勇躍して同氏の旧領を継承し、伊佐早を諫早と改め、ここを拠点としている。その後は隆信の命令で筑後侵攻にも関わるなどの活躍を見せ、隆信戦死後は鍋島直茂とともに政家の統治を補佐している。

慶長一八年（一六一三）に家晴は死去しているが、その子直孝は姓を龍造寺から諫早に改め、佐賀藩の親類格として藩政を支えていく。

②須古鍋島家

次に、隆信の弟とされる信周について見ていこう。近世の編纂物では、隆信が筑前に侵攻した後の豊前侵攻を任されて同国を平定したとされているが、第五章でも明らかにしたとおりその事実はない。信周の動向は、隆信のもう一人の弟長信と比較すると極端に史料が少ない。そのため、信周が隆信の同母弟であるのか異母弟であるのかも、よくわからない。ただ、隆信戦死後に鍋島直茂とともに龍造寺家を支えたことは確かである。佐賀藩の御用商人となる平吉氏に収益の三分の一の上納を免除する命令を発し直茂・龍造寺家就（胤久の子）とともに連署している（「平吉家文書」三）。信周は隆信戦死後に須古城に入ったと史料にあり、以後その家系は須古鍋島家として存続する。

③多久家

隆信の弟長信については、第五章の龍造寺氏の西肥前侵攻において後方支援の役割を果たしていたことを明らかにした。隆信戦死後も長信は龍造寺氏内部において重きをなしていた。その理由としては第五章でも述べたように、隆信の同母弟であること、さらに隆信と長信の母で龍造寺氏内部において権力を有していた慶誾《けいぎん》が長信のもとに居住していたことが大きく関係している。そのため、慶長五年（一六〇〇）に慶誾が死去すると、その所領は長信が継承することになった。そしてこれを取り計らったのが直茂であった。

その影響もあって、慶誾の死後に長信は家晴・信周とともに上洛して、江戸幕府に鍋島氏への権力移譲を容認した。この頃から長信は龍造寺姓ではなく多久姓を称しており、以後、長信の系統は多久家として遇されることになる。

子の安順は父長信の跡を継いで多久領主となり、龍造寺高房の子伯庵が三代将軍徳川家光に龍造寺氏の正当性を訴えた際、江戸に出府して伯庵が龍造寺氏の家督を継ぐことを主張するならば隆信の甥にあたる自分が継ぐのが正しいと述べ、伯庵を退けて鍋島氏の支配の正当性を主張した。

④武雄鍋島家

後藤氏は武雄の領主で隆信と対立関係にあったが、後藤氏の内紛に乗じて同氏の家督を継承したのが隆信の子家信であった。隆信存命中は主として大村氏・西郷氏・有馬氏といった西肥前の国衆との連絡役という役割を担っており、島原合戦にも従軍している。隆信戦死後は有明海沿岸部を攻撃する島津氏の水軍に対処するため、沿岸部の城郭の修築にあたっている。

『フロイス日本史』によると、天正一〇年（一五八二）に家信はイエズス会のガスパル・コエリヨに領地の寄進とキリスト教への入信を願いでているが、結局、洗礼を受けることはなかった。

二度の朝鮮侵略において家信は、直茂に従い加藤清正・相良長毎《ながつね》とともに二番手に属して朝鮮半島に渡った。この二番手の軍勢は朝鮮王朝の二王子を捕らえる戦功を上げ、その後、直茂が咸鏡道《ハムギョンド》を固めるために戦線を離脱すると家信は龍造寺家晴・鍋島茂正とともに清正の軍に属して中国東北部にまで攻め込んでいる。

子の茂綱は政家から龍造寺の姓を賜り、一時期は龍造寺茂綱を名乗っていたが、寛永年間（一六二四〜一六四四）に直茂の子勝茂より鍋島姓が与えられ、以後、子孫は武雄鍋島家として遇されることになる。

⑤江上家

江上氏は大蔵氏を祖とし、もともと筑後を拠点としていたとされているが確証はない。室町期から神崎郡の勢福寺城を拠点とし、少弐氏とともに行動している様子が近世の編纂物に記されているが、具体的な動向はよくわからない。

隆信が家督を継承すると、江上武種は三瀬城主の神代勝利とともに隆信と度々交戦している。隆信が大友氏との抗争に勝利すると龍造寺氏に従属するようになり、隆信の子家種を養子に迎えて、江上家の家督を継承した。

その後、家種は鍋島直茂の子勝茂を一時期養子としている。そのためであろうか、実子である茂美と勝種の二子は、それぞれ江上ではない別姓を名乗っていた。家種は文禄二年（一五九三）に朝鮮出兵先の釜山で病死しているが、その後も長子茂美は江上姓に復することなく佐野姓を用いており、子孫もこれを継承している。

これに対し、次子で勝山姓を名乗る勝種は寛永年間に龍造寺伯庵が龍造寺氏の再興を江戸幕府に訴えた際、伯庵を擁立する側に回った。しかし、再興の要望は幕府に却下されて、勝種は伯庵とともに正保元年（一六四四）に会津藩に預けられた。その後、子孫は会津藩士として代々続いた。

⑥村田家

村田家は政家の子八助（安良）が村田の姓を称したことにより始まる。八助は政家の隠居地である現在の佐賀市西部の久保田を継承しており、高房に代わる江戸証人という役職になっている。八助には江戸に打越屋敷が与えられ、江戸幕府より一〇〇〇俵を支給されるなど、佐賀藩と幕府の両属状態となった。そのため、八助に始まる村田家は佐賀藩政とは切り離され、藩主勝茂が一族から知行地の三割を佐賀本藩に献上する政策を実施した際、村田家は対象外とされた。

八助の跡を継いだ伊平太（氏久）は、弟影利を養子として徳川家光に仕えさせたが、影利が病死すると幕府より村田家に支給されていた一〇〇〇俵が打ち切られた。困った伊平太は叔父の龍造寺主膳とともに一〇〇〇俵の支給を幕府に要求したが、逆に村田家家臣と主膳は幕府によって処罰された。病気により処罰を免れた伊平太は鍋島勝茂の孫を養子に迎えて村田政辰の名で村田家を継がせた。寛文五年（一六六五）に江戸証人職廃止により肥前に戻った政辰は、以後、鍋島家の「御親類」の一つとして活動することになる。

3 龍造寺隆信の復権

佐賀藩士による龍造寺氏の回顧

龍造寺氏の嫡流が退けられて鍋島氏が佐賀藩の治政を担うようになると、龍造寺隆信の存在も忘れ去られたかのようにみえる。

しかし、戦国期における隆信をはじめとする龍造寺氏の活躍は、江戸期に編纂された軍記物語などに記されたことで、現在にまで受け継がれている。

そうなると、江戸期の佐賀藩において龍造寺氏を再評価するきっかけがあったに違いない。そこで最後に、佐賀藩内における軍記物語の編纂を龍造寺氏との関係から明らかにしていきたい。

江戸期の九州各地では、戦国期を回顧するための軍記物語が各地で執筆・編纂された。その早い例としては、『大友興廃記』が挙げられる。この書は大友氏の歴史について記した物語で、大友氏の家臣佐伯氏に仕えた杉谷家の一族宗重が寛永年間（一六二四〜一六四四）に書いたとされている。これを嚆矢に大友氏に関しては、『大友記』（寛永年間）、『大友豊筑乱記』（成立不明）、『両豊記』（明和年間）などの軍記物語が書かれている。

同様の動きは佐賀藩でも起こっており、藩士による軍記物語や年譜の執筆が進められている。例えば、貞享年間（一六八四〜一六八八）には佐賀藩の学者石田一鼎（鍋島種世の説もあり）が『泰巌公御年譜』を記し、元禄年間（一六八八〜一七〇四）には佐賀藩士の犬塚盛純が『歴代鎮西志』『歴代鎮西要略』を著して、いずれも藩に提出している。三書は、いずれも戦国期における龍造寺隆信の生涯について記しており、後世に与えた影響は大きい。特に佐賀藩においては忘れ去られたかのようにみえた隆信の存在が改めてクローズアップされた。

この後も九州各地で多くの軍記物語が記される中で、佐賀藩において龍造寺氏の存在が回顧されるようになった。

鍋島宗茂像

例えば、佐賀藩士馬渡俊継は『九州治乱記』（別名『北肥戦誌』）を執筆している。こうした佐賀藩内の状況について宮島敬一は、元禄～享保年間以降の佐賀藩においては軍記物語編纂ブームともいえる現象が起こったとしている（宮島敬一「『葉隠』をめぐって」）。

ただ、元禄年間までの軍記物語編纂ブームはあくまで藩士レベルであった。これに藩主鍋島氏がいかに関わっていくのか、続いて明らかにしていこう。

鍋島宗茂の藩主就任

ここでは、軍記物語編纂ブームと佐賀藩との関係を明らかにする足掛かりとして、享保年間（一七一六～一七三六）に活躍した佐賀藩五代藩主鍋島宗茂に注目していきたい。

まず鍋島宗茂はどういった人物であるのか、その略歴を示す。

宗茂は貞享三年（一六八六）、二代藩主光茂の子として生まれた。宗茂には多くの兄弟がいたため、藩主になる可能性は限りなく低かった。異母兄で神代家を継いでいた直利（後の吉茂）が宝永二年（一七〇五）に三代藩主綱茂の養嗣子となったことにより、神代家を相続して神代直堅を名乗った。三代藩主綱茂の跡を継いだ四代藩主吉茂に子ができなかったため、享保三年（一七一八）、宗茂は吉茂の嗣子となり、享保一五年（一七三〇）に家督を相続して佐賀藩五代藩主となった。

宗茂の治世は火災で消失した佐賀城の再建に向けて倹約を推し進め、財政改革のために広く人材登用を実施した。また、領内では享保の飢饉が起こり、その対応にも追われた。

この宗茂が江戸期における軍記物語編纂ブームに関わっていく。

山本常朝の置文と龍造寺氏

話は宗茂が神代家を相続して川久保地方（佐賀市久保泉町）の領主として活動していた頃に戻る。正徳四年（一七一四）山本常朝は宗茂に藩主としての心得を説く書置《かきおき》を進上した。

常朝は、よく知られているように武士としての心得を示した『葉隠』編纂の中心人物である。二代藩主鍋島光茂に仕え、御書物役・京都役を拝命し、とりわけ古今伝授を得ることにつとめた。光茂死後に出家し、正徳四年当時は川久保領内で背振山の麓に位置する大小隈《だいしょうぐま》（佐賀市大和町礫石《れきいし》）に隠棲しながら、三代藩主綱茂・四代藩主吉茂の右筆をつとめた田代陣基を筆記者として『葉隠』の編纂を進めていた。

話を書置に戻そう。この書置は「乍恐書置之覚」と題して、『佐賀県近世史料』第八編第一巻に収

万部島

められている。筆者は鍋島報效会学芸員の富田紘次の御教示によりその存在を知った。内容をみていくと、常朝は、健康第一に努めること、学問に励むこと、そして先祖を大切にして祀るべきことを主張している。

なかでも先祖については「然ハ剛忠様（家兼）ノ万部島、利叟様（清久）ノ徳善院、日峯様（直茂）ノ高伝寺、此御三所別而御崇敬可被遊奉存候」、すなわち、特に龍造寺家兼・鍋島清久・鍋島直茂とゆかりのある寺院や史跡を崇敬するよう常朝は宗茂に伝えているのである。

この書置において常朝は家兼の存在を見出すとともに、ゆかりの史跡と万部島《まんぶじま》を挙げていることが注目される。

万部島とは、家兼が水ヶ江城内で法華経一万部を修業し、読誦した経文を書写して城の東北の鬼門に奉納した場所で、この島には天文二年（一五三三）に作られた六地蔵があり、江戸初期には佐賀城の堀の一角に浮かぶ島だった。鍋島光茂が藩主であった寛文二年（一六六二）に万部島には向陽《こうよう》軒《けん》という建物が建立され、陸伝いに参詣することができるようになった。この万部島は代々佐賀藩主からの崇敬を集めており、島内には歴代藩主が築いた万部塔が残され、当然ながら宗茂のものも残されている。

さて、書置に従い宗茂は享保元年（一七一六）に兄吉茂の後継となるに及び、『龍造寺系図』『鍋島氏系図』（公益財団法人鍋島報效会所蔵）を作成して、藩を挙げて龍造寺氏の存在を顕彰するようになる。

これをうけて、佐賀藩では藩の成立などについて触れた書籍の編纂が始まり、享保年間には『鍋島直茂公譜』が編纂されている。ここには直茂の生涯のみならず、隆信との関係についても記されている。さらに宗茂は馬渡俊継が記した『九州治乱記』の訂正も行っている（野口朋隆『近世分家大名論』）。

常朝が家兼への顕彰を奨励した背景には、先に触れた『歴代鎮西志』と『泰厳公御年譜』の存在があったと推測される。藩士レベルで行われていた軍記物語の編纂が、いわば佐賀藩からの公認を得たと考えてよい。

こうした動きにより、鍋島氏の台頭で忘れ去られた隆信の存在が改めて見出されて、現在にまで語り継がれることになったのである。

参考文献

一、史料

佐賀県立図書館編『佐賀県史料集成』一〜三〇、佐賀県立図書館、一九五五〜一九九〇年。
東京大学史料編纂所編『上井覚兼日記』一〜三、大日本古記録、一九五四〜一九五七年。
堀本一繁「翻刻「永野御書キ物抜書」」(『戦国の九州と武雄——後藤貴明・家信の時代』)武雄市図書館・歴史資料館編、二〇一〇年)
中村知裕「「藤龍家譜」所収文書について」(『佐賀大学地域学歴史文化研究センター紀要』一四、二〇一九年)。

二、単行本・論文

阿蘇品保夫「城氏と戦国の熊本」(『新熊本市史　通史編中世』一九九八年)。

岩松要輔『鍋島直茂』(戎光祥出版、二〇一六年)。

大城美知信「室町・戦国期の南関と大津山氏」(『南関町史　通史編上』南関町史編集委員会、二〇〇六年)

太田順三「北部九州の戦国大名領下の村落とその支配——大内・龍造寺氏の権力構造論序説」(『佐賀大学教養部研究紀要』一五、一九八三年)。

加藤章「竜造寺体制の展開と知行構造の変質」(『九州文化史研究所紀要』二六、一九八一年)。

川岡勉『室町幕府と守護権力』(吉川弘文館、二〇〇二年)。

川添昭二「九州探題の衰滅過程」（『九州文化史研究所紀要』二三、一九七八年）。

川副博著・川副義敦考訂『五州二島の太守――龍造寺隆信』（佐賀新聞社、二〇〇六年、初版は川副博『日本の武将四五　龍造寺隆信』として人物往来社より一九六七年に出版）。

川副義敦『戦国の肥前と龍造寺隆信』（宮帯出版社、二〇一八年）。

北島万次「天正期における領主的結集の動向と大名権力――肥前・筑後の場合」（『歴史学研究』四〇〇、一九七三年）。

窪田頌「使者としてのイエズス会士」（鹿毛敏夫・坪根伸也編『戦国大名大友氏の館と権力』吉川弘文館、二〇一八年）。

黒嶋敏「九州探題考」（同氏著『中世の権力と列島』高志書院、二〇一二年。初出は二〇〇七年）。

桑田和明「フロイス『日本史』にみる戸次道雪と秋月種実」（同氏著『戦国時代の筑前国宗像氏』花乱社、二〇一六年。初出は二〇〇九年）。

佐藤鉄太郎「戦国大名龍造寺氏について――国人領主後藤氏の家臣団構成」（『筑紫女学園短期大学紀要』九、一九七四年）。

佐藤凌成「十六世紀後半の大名領国周縁における国人の動向」（『九州史学』一九〇、二〇二二年）。

鈴木敦子「肥前国における戦国期の印章使用」（有光友学編『戦国期　印章・印判状の研究』岩田書院、二〇〇六年）。

鈴木敦子「戦国時代の松浦地方」（『伊万里市史　中世編』二〇〇六年）。

鈴木敦子『戦国期の流通と地域社会』（同成社、二〇一一年）。

鈴木敦子「龍造寺隆信の龍造寺家家督継承問題」（『佐賀大学経済論集』四五―六、二〇一三年）。

田渕義樹・大城美知信『蒲池氏と田尻氏』（柳川の歴史二、二〇〇八年）。

外山幹夫『肥前有馬一族』（新人物往来社、一九九七年）。

中村知裕「龍造寺氏の軍事活動と山林資源の調達」（『七隈史学』一二、二〇一〇年）。

中村知裕「龍造寺氏の軍事活動と軍事ルートの確保」（『戦国史研究』六四、二〇一二年）。

中村知裕「龍造寺氏の肥前西部侵攻と龍造寺長信」（『古文書研究』八三、二〇一七年）。

中村知裕「龍造寺氏の勢力拡大とその実態──五州二島論再考」（『公益財団法人鍋島報效会研究助成 研究報告書』九、二〇一九年）。

中村知裕「秋月種実考──秋月種実発給文書の分析」（『戦国史研究』八〇、二〇二〇年）。

中村知裕「「多久家有之候書類」について」（『佐賀大学地域学歴史文化研究センター紀要』四、二〇一〇年）。

中村知裕「永禄・天正期九州の争乱と秋月種実」（『古文書研究』九五、二〇二三年）

中村知裕『戦国期の交通と権力』（高志書院、二〇二三年）。

新名一仁編『薩摩島津氏』（戎光祥出版、二〇一四年）。

新名一仁『島津四兄弟の九州統一戦』（星海社、二〇一七年）。

西森駿汰「戦国大名龍造寺氏と国衆の関係について──起請文の分析を中心に」（『大阪公立大学大学院文学研究科紀要』七五、二〇二四年）。

野口朋隆『近世分家大名論』（吉川弘文館、二〇一一年）。

野下俊樹「室町・戦国期肥前龍造寺氏に関する予備的考察」（『佐賀県立佐賀城本丸歴史館研究紀要』一八、二〇二三年）。

福井尚寿「龍造寺隆信の肖像」（『佐賀県立博物館・美術館報』九五、一九九三年）。

福島金治『九州・琉球の戦国史』（ミネルヴァ書房、二〇二三年）。

藤野保「竜造寺領国の形成過程と国人領主の動向」（『九州文化史研究所紀要』二二、一九七七年）。

藤野保「竜造寺家臣団の構成とその特質（一）――天正八年着到帳の分析を中心として」（『九州文化史研究所紀要』二三、一九七八年）。

藤野保「竜造寺家臣団の構成とその特質（二）――天正八年着到帳の分析を中心として」（『史淵』一一五、一九七八年）。

藤野保「竜造寺・鍋島両氏と公儀権力」（藤野保編『佐賀藩の総合研究』吉川弘文館、一九八一年）。

堀本一繁「龍造寺氏の二頭政治と代替り」（『九州史学』一〇九、一九九四年）。

堀本一繁「少弐冬尚滅亡に関する一考察」（『少弐氏と宗氏』二二、一九九四年）。

堀本一繁「龍造寺氏の戦国大名化と大友氏肥前支配の消長」（『日本歴史』五九八、一九九八年）。

堀本一繁「明応の政変と少弐氏」（『福岡市博物館研究紀要』一〇、二〇〇〇年）。

堀本一繁「戦国期における肥前河上社と地域権力」（『中世一宮制の歴史的展開　上：個別研究編』岩田書院、二〇〇四年）。

松田博光「戦国末期の起請文に関する一考察――「龍造寺家文書」の事例を中心に」（『鹿児島県歴史資料センター黎明館調査研究報告』一五、二〇〇二年）。

馬部隆弘「有明海沿岸における条里と開発に関する一史料――（財）江北図書館所蔵「長禄三年高城寺領南里田地目録」」（『史敏』五、二〇〇八年）。

丸山雍成『大蔵姓原田氏編年史料』（文献出版、二〇〇〇年）。

三木靖『薩摩島津氏』（新人物往来社、一九七二年）。

宮島敬一「『葉隠』をめぐって」（『新郷土』五〇六、一九九二年）。

宮島敬一「戦国期権力の形成と地方寺社」（本多隆成編『戦国・織豊期の権力と社会』吉川弘文館、一九九九年）。

森茂暁『戦争の日本史八――南北朝の動乱』（吉川弘文館、二〇〇七年）。

森茂暁『足利尊氏』（KADOKAWA、二〇一七年）。

森茂暁『懐良親王』（ミネルヴァ書房、二〇一九年）。

森本正憲「肥前高木氏について」（同氏著『九州中世社会の基礎的研究』文献出版、一九八四年）。

八木直樹編『豊後大友氏』（戎光祥出版、二〇一四年）。

八木直樹『戦国大名大友氏の権力構造』（戎光祥出版、二〇二一年）。

あとがき

本書は近世の編纂物に依存することをさけ、古文書をはじめとする一次史料をもとにして龍造寺隆信の一生を明らかにしてきた。

隆信は多くの苦難に見舞われながらも敵対勢力を次々と打ち破り、肥前のほぼ大半を支配するなど、優れた戦略眼と実行力を有する人物であったと考えてよい。その背後には、弟長信を通じて領内の山林資源を大いに活用し、交通路の確保や城郭の構築を積極的に進めていたことが大きく関係している。いわば隆信は、後方支援を充実させ、城郭・道・橋などの普請をフル活用することにより勢力拡大を成し遂げた権力者であったということができよう。

本書では、これまでの隆信関係の言説とは異なる点をいくつも指摘した。例えば、隆信は順調に龍造寺家の家督を継承できたわけではなく、一族の鑑兼が家督を放棄したことにより家督の座についたことが挙げられる。また、隆信は従来いわれているような、「五州二島の太守」ではなく、その勢力はせいぜい筑後南部にとどまるものであり、他国の国衆の動向に左右されるかたちで他国への出兵を繰り返していたこと、さらに「暴君」として語られた隆信が実際に暴君として振る舞った形跡はなく、キリスト教の布教を阻害する「暴君」とみなされたことなども指摘した。

なかんずく「五州二島の太守」としての側面を否定したことは、これまで隆信を顕彰してきた人々には意外に思われるかもしれない。加えて本書では、よく知られた「今山の戦い」を「龍造寺氏・大友氏の抗争」の一齣とみなし、さらに隆信が戦死した「沖田畷の戦い」の名称を「島原合戦」とするなど、歴史的事件の名称の変更を提唱した。これは、近世の編纂物ではなく一次史料をもとにした筆者の見解である。このように、本書はこれまで人々が抱いていた隆信に関するイメージと大きく異なる叙述となった。

なお、本書は隆信の事蹟の追求を主眼とするあまり、九州戦国史全体を見通すまでには至らなかった。これはひとえに筆者の実力不足によるものであり、隆信の動向を含めた九州戦国史の通史的考察は後考に委ねたい。

そして、史料の閲覧や探索についてさまざまな便宜を図ってもらった佐賀県立図書館には、感謝申し上げたい。また、本書の編集はミネルヴァ書房の涌井格氏が担当した。筆者の拙い文章に真摯に向き合い、さまざまな助言をいただいた。

このように、本書は決して独力ではなく、多くの人々の助けにより成り立つものである。この場を借りて感謝申し上げたい。

中村知裕

龍造寺隆信略年譜

和暦	西暦	齢	関係事項	一般事項
享禄 二	一五二九	1	2月龍造寺隆信生まれる。	
天文 四	一五三五	7	宝琳院に入ると伝わる。法名圓月。	
一四	一五四五	17	1月少弐冬尚が龍造寺氏を攻撃、祖父家純・父周家をはじめとする水ヶ江龍造寺氏一族の多くが討たれる。	
一五	一五四六	18	村中龍造寺氏の胤栄が少弐氏を攻撃する。龍造寺鑑兼が家督を放棄したことにより、還俗して水ヶ江龍造寺家を継ぐ。	
一七	一五四八	20	3月龍造寺胤栄の死去により村中龍造寺家を継ぐ。	
一九	一五五〇	22	7月大内義隆により山城守に吹挙される。	
二〇	一五五一	23	隆信と鑑兼の間で内紛が起こり、隆信が村中城を逐われる。	8月大内義隆が陶晴賢によって滅ぼされる。
二二	一五五三	25	10月この頃、隆信の反撃により鑑兼が謝罪、龍造寺氏の内紛が終束する。	

二三	一五五四	26		大友義鎮（宗麟）が肥前守護に補任される。
永禄 二	一五五九	31	1月隆信が神代勝利・江上武種と連繋して少弐冬尚を滅ぼす。しかし、隆信と勝利の抗争が始まったため、大友氏が仲裁する。	毛利氏の軍勢が筑前に侵攻する。
五	一五六二	34		筑前の高橋鑑種と秋月種実が毛利氏に通じて大友氏に反旗を翻す。
一二	一五六九	41	2月毛利勢が肥前東部に侵入する。3月龍造寺氏・大友氏の抗争が勃発する。田手村の戦いで龍造寺氏が敗北する。4月大友氏と龍造寺氏が一時和睦する。	閏5月秋月種実が大友氏に降伏したことにより、12月末に毛利軍も九州から撤退する。
一三 元亀 元	一五七〇	42	4月巨勢村の戦いで龍造寺氏が勝利する。8月龍造寺氏・大友氏の抗争が再開される。今山の戦いで大友氏と龍造寺氏の和睦が成立、大友軍が撤収する。	
二	一五七一	43	この頃、神代氏と江上氏が龍造寺氏に従属する。	
天正 元	一五七三	45	隆信が西肥前地域への侵攻を開始する。	
二	一五七四	46	この頃、須古城主平井経治が隆信に降伏する。1月松浦郡に侵攻して獅子ケ城を攻撃する。	
三	一五七五	47	武雄塚崎城主後藤貴明が龍造寺氏に帰順する。唐津	

			方面の平定に成功する。松浦郡に侵攻して再び獅子ケ城を攻撃する。	
四	一五七六	48	松浦郡の伊万里に進出して、造船を行う。この頃、藤津郡が龍造寺氏の領国となる。大村純忠が龍造寺氏に人質を出す。	大友宗麟が少弐政興を筑後に派遣して筑後の国衆に肥前の調略を命じる。
五	一五七七	49	伊佐早の西郷氏が龍造寺氏に帰順する。大友氏が蒲池宗雪・鎮並を仲介として隆信を赦免する。	
六	一五七八	50	6月高来郡北部に侵攻するも、有馬氏の軍勢に敗退する。筑後への侵攻を開始する。	11月耳川合戦で大友氏が島津氏に敗退する。秋月種実が筑前御笠郡に侵攻する
七	一五七九	51	有馬氏が龍造寺氏に従属する。龍造寺氏の軍勢が肥後北部に進出する。11月上蒲池氏が龍造寺氏に降伏して、南筑後を勢力下に置く。子息江上家種を筑前に派遣して安楽平城を攻撃する。	
八	一五八〇	52	下蒲池氏の鎮並が龍造寺氏から離反する。	
九	一五八一	53	6月隆信が下蒲池氏を滅ぼす。田尻鑑種が龍造寺氏から離反する。子息政家に家督を譲る。龍造寺氏の軍勢が再び肥後北部に侵攻する。龍造寺氏・秋月氏の軍勢が筑前針目山に進出する。	
一〇	一五八二	54	有馬氏が龍造寺氏から離反して、島津氏に救援を依	

			頼する。隈本城に駐留する島津氏の軍勢が肥後北部に進出する。	
一一	一五八三	55	9月秋月種実が島津氏に龍造寺氏との和平を提案する。12月龍造寺氏に抵抗していた田尻鑑種が降伏する。	
一二	一五八四	56	1月島津氏が龍造寺氏との決戦を決め、島原半島に軍勢を派遣する。3月島原合戦で隆信が戦死する。龍造寺氏が島津氏の幕下となる。	戸次道雪・高橋紹運らの軍勢が筑後に侵攻する。
一四	一五八六		豊臣秀吉の九州平定、龍造寺氏は秀吉に味方する。	
慶長一二	一六〇七		龍造寺政家・高房が死去する。鍋島直茂の子勝茂が家督を継承する。	

＊福澤諭吉　平山　洋
加藤弘之　田中由香里
成島柳北　山田俊治
＊福地桜痴　山田俊治
＊村山龍平　早房長治
＊島田三郎　武藤秀太郎
田口卯吉　鈴木栄樹
＊陸　羯南　松田宏一郎
有賀長雄　森田吉彦
＊黒岩涙香　奥　武則
幸徳秋水　馬渕浩二
長谷川如是閑　織田健志
＊上杉慎吉　今野　元
＊吉野作造　田澤晴子
＊山川　均　米原　謙
＊岩波茂雄　十重田裕一
＊北　一輝　岡本幸治
＊穂積重遠　大村敦志
中野正剛　吉田則昭
＊荒畑寒村　川村邦光
＊満川亀太郎　福家崇洋
＊エドモンド・モレル　林田治男
＊北里柴三郎　福田眞人
高峰譲吉　木村昌人
田辺朔郎　秋元せき
＊南方熊楠　飯倉照平
＊辰野金吾　河上眞理・清水重敦
＊七代目小川治兵衛　尼崎博正
本多静六　岡本貴久子
＊ブルーノ・タウト　北村昌史

＊ウィリアム・メレル・ヴォーリズ　山形政昭・吉田与志也

現代

昭和天皇　御厨　貴
高松宮宣仁親王　後藤致人
＊李方子　小田部雄次
芦田　均　矢嶋　光
吉田　茂　中西　寛
マッカーサー　柴山　太
鳩山一郎　楠　綾子
＊石橋湛山　増田　弘
重光　葵　武田知己
＊市川房枝　村井良太
＊池田勇人　藤井信幸
高野　実　篠田　徹
和田博雄　庄司俊作
ライシャワー　廣部　泉
朴正熙　木村　幹
＊全斗煥　木村　幹
＊田中角栄　新川敏光
宮沢喜一　村上友章
竹下　登　真渕　勝
＊松永安左エ門　橘川武郎
鮎川義介　井口治夫
＊出光佐三　橘川武郎
＊松下幸之助　米倉誠一郎
渋沢敬三　井上　潤
＊本田宗一郎　伊丹敬之

＊井深　大　武田　徹
＊佐治敬三　小玉　武
幸田家の人々　金井景子
＊正宗白鳥　大嶋　仁
＊大佛次郎　福島行一
＊井伏鱒二　滝口明祥
＊川端康成　大久保喬樹
＊薩摩治郎八　小林　茂
坂口安吾　千葉一幹
太宰　治　安藤　宏
松本清張　杉原志啓
司馬遼太郎　山本幸正
＊安部公房　鳥羽耕史
＊三島由紀夫　島内景二
井上ひさし　成田龍一
R・H・ブライス　菅原克也
柳　宗悦　熊倉功夫
バーナード・リーチ　鈴木禎宏
＊熊谷守一　古川秀昭
川端龍子　岡部昌幸
藤田嗣治　林　洋子
＊井上有一　海上雅臣
＊手塚治虫　竹内オサム
古賀政男　藍川由美
＊吉田　正　金子　勇
武満　徹　船山　隆
小津安二郎　宮本明子・松浦完二
＊八代目坂東三津五郎　田口章子
＊力道山　岡村正史
＊西田天香　宮田昌明

安倍能成　中根隆行
＊天野貞祐　貝塚茂樹
和辻哲郎　田中久文
＊矢代幸雄　稲賀繁美
石田幹之助　岡本さえ
＊平泉　澄　若井敏明
＊早川孝太郎　須藤　功
安岡正篤　片山杜秀
＊青山二郎　田野　勲
＊島田謹二　小林信行
田中美知太郎　川久保剛
西脇順三郎　加藤孝男
前嶋信次　杉田英明
＊唐木順三　澤村修治
＊亀井勝一郎　山本直人
＊宮本常一　須藤　功
知里真志保　モコットゥナㇱ
竹内　好　田澤晴子
＊保田與重郎　谷崎昭男
＊石母田正　磯前順一
＊福田恆存　川久保剛
井筒俊彦　安藤礼二
＊吉田　満　貝塚茂樹
＊佐々木惣一　伊藤孝夫
高田保馬　金子　勇
小泉信三　都倉武之
＊瀧川幸辰　伊藤孝夫
式場隆三郎　服部　正
大宅壮一　有馬　学
＊清水幾太郎　庄司武史
＊山本健吉　井上泰至
丸山眞男　河野有理
鶴見俊輔　冨山一郎

＊フランク・ロイド・ライト　大久保美春
＊中谷宇吉郎　杉山滋郎
今西錦司　山極寿一

＊は既刊
二〇二五年四月現在

岩倉具視　斎藤紅葉
河井継之助　小川和也
松平春嶽　大石学
＊西郷隆盛　家近良樹
＊由利公正　角鹿尚計
＊橋本左内　角鹿尚計
＊塚本明毅　塚本学
松平容保　白石烈
＊山岡鉄舟・高橋泥舟　岩下哲典
三条実美　奈良勝司
毛利敬親　三宅紹宣
＊月性　海原徹
＊吉田松陰　海原徹
＊高杉晋作　海原徹
＊久坂玄瑞　一坂太郎
ペリー　遠藤泰生
ハリス　福岡万里子
オールコック　佐野真由子
アーネスト・サトウ　奈良岡聰智

近代

＊明治天皇　伊藤之雄
＊大正天皇　F・R・ディキンソン
＊昭憲皇太后・貞明皇后　小田部雄次
大久保利通　三谷太一郎
木戸孝允　落合弘樹
＊松方正義　室山義正
榎本武揚　醍醐龍馬
北垣国道　小林丈広

板垣退助　小川原正道
長与専斎　笠原英彦
大隈重信　五百旗頭薫
伊藤博文　坂本一登
＊井上毅　大石眞
＊井上勝　老川慶喜
三浦梧楼　大澤博明
＊桂太郎　小林道彦
東郷平八郎　金澤裕之
＊渡邉洪基　瀧井一博
＊乃木希典　佐々木英昭
星亨　小林道彦
林董　奈良岡聰智
＊児玉源太郎　小林道彦
＊高宗・閔妃　木村幹
山本権兵衛　室山義正
＊金子堅太郎　松村正義
＊高橋是清　鈴木俊夫
小村寿太郎　簑原俊洋
＊犬養毅　小林惟司
＊加藤高明　櫻井良樹
牧野伸顕　小宮一夫
田中義一　黒沢文貴
内田康哉　高橋勝浩
平沼騏一郎　堀田慎一郎
＊鈴木貫太郎　小堀桂一郎
宇垣一成　北岡伸一
＊宮崎滔天　榎本泰子
＊浜口雄幸　川田稔
幣原喜重郎　西田敏宏
関一　玉井金五
水野広徳　片山慶隆
＊広田弘毅　井上寿一

＊安重根　上垣外憲一
＊グルー　廣部泉
＊永田鉄山　森靖夫
東條英機　牛村圭
今村均　前田雅之
蔣介石　劉岸偉
近衛文麿　庄司潤一郎
＊岩崎弥太郎　武田晴人
伊藤忠兵衛　末永國紀
＊五代友厚　田付茉莉子
大倉喜八郎　村上勝彦
＊安田善次郎　由井常彦
＊渋沢栄一　武田晴人
中野武営　佐賀香織
山辺丈夫　宮本又郎
＊大川平三郎　四方田雅史
武藤山治　阿部武司・桑原哲也
池田成彬　松浦正孝
西原亀三　森川正則
小林一三　橋爪紳也
大倉恒吉　石川健次郎
大原孫三郎　猪木武徳
＊河竹黙阿弥　今尾哲也
イザベラ・バード　加納孝代
＊林忠正　木々康子
＊森鷗外　小堀桂一郎
＊二葉亭四迷　ヨコタ村上孝之
＊正岡子規　井上泰至
＊夏目漱石　佐々木英昭
＊徳冨蘆花　半藤英明
巌谷小波　千葉信胤

樋口一葉　佐伯順子
＊島崎藤村　十川信介
上田敏　小林茂
＊有島武郎　亀井俊介
志賀直哉　小林幸夫
北原白秋　平石典子
菊池寛　山本芳明
＊芥川龍之介　髙橋龍夫
＊宮沢賢治　千葉一幹
＊高浜虚子　坪内稔典
与謝野晶子　佐伯順子
＊種田山頭火　村上護
＊斎藤茂吉　品田悦一
＊高村光太郎　湯原かの子
萩原朔太郎　坪井秀人
＊原阿佐緒　秋山佐和子
＊狩野芳崖・高橋由一　古田亮
川村清雄　落合則子
＊小堀鞆音　小堀桂一郎
竹内栖鳳　北澤憲昭
中村不折　石川九楊
＊橋本関雪　西原大輔
土田麦僊　天野一夫
岸田劉生　北澤憲昭
濱田庄司　濱田琢司
＊山田耕筰　後藤暢子
松旭斎天勝　川添裕
中山みき　鎌田東二
佐田介石　谷川穣
＊ニコライ　中村健之介
＊出口なお・王仁三郎　川村邦光
＊新島襄　太田雄三

新島八重　佐伯順子
木下広次　冨岡勝
山川健次郎　小宮京・中澤俊輔
嘉納治五郎　クリストファー・スピルマン
＊柏木義円　片野真佐子
津田梅子　田中智子
＊澤柳政太郎　新田義之
＊河口慧海　高山龍三
＊山室軍平　室田保夫
大谷光瑞　白須淨眞
＊久米邦武　髙田誠二
フェノロサ　伊藤豊
井上哲次郎　井ノ口哲也
三宅雪嶺　長妻三佐雄
＊岡倉天心　木下長宏
志賀重昂　中野目徹
徳富蘇峰　杉原志啓
＊竹越与三郎　西田毅
＊廣池千九郎　橋本富太郎
岩村透　今橋映子
＊西田幾多郎　大橋良介
＊金沢庄三郎　石川遼子
＊柳田国男　鶴見太郎
厨川白村　張競
＊村岡典嗣　水野雄司
大川周明　山内昌之
西田直二郎　林淳
＊折口信夫　斎藤英喜
九鬼周造　古川雄嗣
シュタイン　瀧井一博
＊西周　清水多吉

＊光厳天皇　深津睦夫
足利尊氏　市沢　哲
＊足利直義　亀田俊和
佐々木道誉　下坂　守
細川頼之　亀田俊和
円観・文観　田中貴子
足利義詮　早島大祐
＊足利義持　吉田賢司
足利義教　秦野裕介
足利持氏　植田真平
＊足利義政　木下昌規
三条西実隆　前田雅之
＊日野富子　田端泰子
＊大内義弘　平瀬直樹
伏見宮貞成親王　松薗　斉
＊山名宗全　山本隆志
細川勝元・政元　古野　貢
畠山義就　呉座勇一
足利成氏　阿部能久
＊世阿弥　西野春雄
雪舟等楊　河合正朝
宗祇　鶴崎裕雄
一条兼良　田村　航
＊満済　森　茂暁
一休宗純　原田正俊
蓮如　岡村喜史

戦国・織豊

北条早雲　家永遵嗣
＊北条氏綱　黒田基樹
＊北条氏政　黒田基樹
大内政弘　山田貴司
＊大内義隆　藤井　崇

＊斎藤氏四代　木下　聡
＊毛利元就　岸田裕之
＊毛利輝元　光成準治
＊小早川隆景・秀秋　光成準治
＊六角定頼　村井祐樹
＊今川義元　小和田哲男
＊武田信玄　笹本正治
＊武田勝頼　笹本正治
＊真田氏三代　笹本正治
＊三好長慶　天野忠幸
松永久秀　天野忠幸
＊宇喜多直家・秀家　渡邊大門
＊上杉謙信　矢田俊文
＊大友義鎮　鹿毛敏夫
＊龍造寺隆信　中村知裕
島津義久・義弘　福島金治
村上武吉・元吉　藤田達生
細川幽斎　鈴木　元
＊長宗我部元親・盛親　平井上総
＊最上氏三代　松尾剛次
浅井長政　長谷川裕子
蠣崎・松前氏五代　新藤　透
吉田兼倶　西山　克
山科言継　松薗　斉
正親町天皇・後陽成天皇　神田裕理
＊雪村周継　赤澤英二
＊足利義輝・義昭　山田康弘

織田長益　八尾嘉男
織田信雄　柴　裕之
＊明智光秀・秀満　小和田哲男
豊臣秀吉　藤井讓治
豊臣秀次　矢部健太郎
＊北政所おね　田端泰子
＊淀殿　福田千鶴
筒井氏三代　片山正彦
蜂須賀正勝・家政　三宅正浩
前田利家　東四柳史明
＊山内一豊・忠義　長屋隆幸
＊黒田如水　小和田哲男
＊蒲生氏郷　藤田達生
大谷吉継　石畑匡基
石田三成　堀越祐一
＊細川ガラシャ　田端泰子
＊支倉常長　田中英道
千利休　熊倉功夫
＊長谷川等伯　宮島新一
＊顕如　神田千里
教如　安藤　弥

江戸

＊徳川家康　笠谷和比古
板倉勝重　谷　徹也
本多忠勝　柴　裕之
本多正純　小川　雄
柳生宗矩　福田千鶴
＊徳川家光　野村　玄
柳沢吉保　福留真紀
＊後水尾天皇　久保貴子

＊光格天皇　藤田　覚
＊春日局　福田千鶴
宮本武蔵　渡邊大門
上杉鷹山　小関悠一郎
＊池田光政　倉地克直
保科正之　八木清治
シャクシャイン　岩崎奈緒子
天草四郎　菊池庸介
＊田沼意次　藤田　覚
細川重賢　安高啓明
松平治郷　小林准士
＊二宮尊徳　小林惟司
末次平蔵　岡　美穂子
＊高田屋嘉兵衛　生田美智子
沢庵宗彭　芳澤　元
＊林羅山　鈴木健一
吉野太夫　渡辺憲司
＊熊沢蕃山　川口　浩
＊山崎闇斎　澤井啓一
山鹿素行　前田　勉
＊北村季吟　島内景二
＊伊藤仁斎　澤井啓一
貝原益軒　辻本雅史
関孝和　佐藤賢一
＊ケンペル　B・M・ボダルト＝ベイリー
新井白石　大川　真
＊雨森芳洲　上田正昭
＊石田梅岩　高野秀晴
賀茂真淵　盛田帝子
白隠慧鶴　芳澤勝弘
前野良沢　松田　清
平賀源内　石上　敏

＊本居宣長　田尻祐一郎
杉田玄白　吉田　忠
木村蒹葭堂　有坂道子
＊大田南畝　沓掛良彦
菅江真澄　赤坂憲雄
＊鶴屋南北　諏訪春雄
＊山東京伝　佐藤至子
＊滝沢馬琴　高田　衛
平田篤胤　山下久夫
国友一貫斎　太田浩司
シーボルト　宮坂正英
本阿弥光悦　岡　佳子
＊狩野探幽・山雪　山下善也
尾形光琳　仲町啓子
尾形乾山　河野元昭
＊二代目市川團十郎　田口章子
伊藤若冲　狩野博幸
＊浦上玉堂　高橋博巳
＊佐竹曙山　成瀬不二雄
葛飾北斎　岸　文和
酒井抱一　玉蟲敏子
孝明天皇　青山忠正
＊和宮　辻ミチ子
徳川慶喜　大庭邦彦
島津斉彬　原口　泉
鍋島直正　伊藤昭弘
＊横井小楠　沖田行司
＊古賀謹一郎　小野寺龍太
＊永井尚志　高村直助
＊岩瀬忠震　小野寺龍太
＊栗本鋤雲　小野寺龍太
＊大村益次郎　竹本知行

ミネルヴァ日本評伝選

企画推薦
梅原　猛
ドナルド・キーン
佐伯彰一
角田文衛

監修委員
上横手雅敬
芳賀　徹

編集委員
石川九楊
伊藤之雄
猪木武徳
今谷　明
今橋映子
熊倉功夫
佐伯順子
坂本多加雄
武田佐知子
竹西寛子
西口順子
兵藤裕己
御厨　貴

上代

＊俾弥呼　古田武彦
日本武尊　西宮秀紀
＊仁徳天皇　若井敏明
雄略天皇　吉村武彦
継体天皇　若井敏明
＊蘇我氏四代　遠山美都男
＊推古天皇　義江明子
聖徳太子　仁藤敦史
斉明天皇　武田佐知子
＊小野妹子・毛人・毛野　大橋信弥
＊額田王　梶川信行
弘文天皇　遠山美都男
持統天皇　丸山裕美子
阿倍比羅夫　熊田亮介
＊藤原四子　木本好信
役小角　脊古真哉
＊柿本人麿　古橋信孝
＊元明天皇・元正天皇　渡部育子
光明皇后　寺崎保広
＊孝謙・称徳天皇　勝浦令子
藤原不比等　荒木敏夫

橘諸兄・奈良麻呂　遠山美都男
吉備真備　今津勝紀
＊藤原仲麻呂　木本好信
＊藤原種継　木本好信
＊行基　吉田靖雄

平安

＊桓武天皇　井上満郎
嵯峨天皇　西別府元日
宇多天皇　古藤真平
醍醐天皇　石上英一
村上天皇　京樂真帆子
花山天皇　上島享
＊三条天皇　倉本一宏
藤原薬子　中野渡俊治
＊藤原良房・基経　瀧浪貞子
＊紀貫之　神田龍身
＊安倍晴明　斎藤英喜
＊藤原道長　朧谷寿
＊藤原伊周・隆家　倉本一宏
藤原定子　山本淳子
＊藤原彰子　朧谷寿
藤原頼通　末松剛
藤原師通　中島和歌子

紫式部　高木和子
清少納言　三田村雅子
和泉式部　ツベタナ・クリステワ
大江匡房　小峯和明
＊阿弖流為　樋口知志
＊源満仲・頼光　元木泰雄
平将門　西山良平
＊藤原純友　寺内浩
源義家　大津雄一
最澄　吉田一彦
空海　武内孝善
円珍　岡野浩二
＊空也　石井義長
奝然　上川通夫
＊源信　小原仁
慶滋保胤　吉原浩人
安倍貞任　野中哲照
＊後白河天皇　美川圭
＊式子内親王　奥野陽子
建礼門院　生形貴重
＊藤原頼長・師長　樋口健太郎
＊藤原秀衡　入間田宣夫
平維盛　根井浄
木曾義仲　樋口州男

守覚法親王　阿部泰郎
藤原隆信・信実　山本陽子

鎌倉

＊源頼朝　川合康
＊源義経　近藤好和
源実朝　神田龍身
＊九条兼実　加納重文
九条道家　上横手雅敬
＊北条時政　野口実
＊熊谷直実　佐伯真一
＊北条政子　関幸彦
＊北条義時　岡田清一
曾我十郎・五郎　杉橋隆夫
＊北条時頼　山本隆志
北条時宗　近藤成一
平頼綱　細川重男
竹崎季長　堀本一繁
西行　西澤美仁
鴨長明　浅見和彦
藤原定家　赤瀬信吾
＊京極為兼　今谷明
＊兼好　島内裕子
重源　横内裕人
＊運慶　根立研介

快慶　井上一稔
＊法然　今堀太逸
＊栄西　中尾良信
明恵　西山厚
＊親鸞　末木文美士
恵信尼・覚信尼　西口順子
覚如　今井雅晴
＊道元　船岡誠
叡尊　細川涼一
＊忍性　松尾剛次
＊日蓮　佐藤弘夫
一遍　蒲池勢至
夢窓疎石　原田正俊
＊宗峰妙超　竹貫元勝

南北朝・室町

後醍醐天皇　上横手雅敬
＊護良親王　新井孝重
＊懐良親王　森茂暁
＊赤松氏五代　渡邊大門
＊北畠親房　岡野友彦
楠正成　兵藤裕己
＊楠木正行・正儀　生駒孝臣
＊新田義貞　山本隆志

刊行のことば

歴史を動かすものは人間であり、興趣に富んだ人間の動きを通じて、世の移り変わりを考えるのは、歴史に接する醍醐味である。

しかし過去の歴史学を顧みるとき、人間不在という批判さえ見られたように、歴史における人間のすがたが、必ずしも十分に描かれてきたとはいえない。二十一世紀を迎えた今、歴史の中の人物像を蘇生させようとの要請はいよいよ強く、またそのための条件もしだいに熟してきている。

この「ミネルヴァ日本評伝選」は、正確な史実に基づいて書かれるのはいうまでもないが、単に経歴の羅列にとどまらず、歴史を動かしてきたすぐれた個性をいきいきとよみがえらせたいと考える。そのためには、対象とした人物とじっくりと対話し、ときにはきびしく対決していくことも必要になるだろう。

今日の歴史学が直面している困難の一つに、研究の過度の細分化、瑣末化が挙げられる。それは緻密さを求めるが故に陥った弊害といえるが、その結果として、歴史の大きな見通しが失われ、歴史学を通しての社会への働きかけの途が閉ざされ、人々の歴史への関心を弱める危険性がある。今こそ歴史が何のためにあるのかという、基本的な課題に応える必要があろう。評伝という興味ある方法を通じて、解決の手がかりを見出せないだろうかというのも、この企画の一つのねらいである。

狭義の歴史学の研究者だけでなく、多くの分野ですぐれた業績をあげている著者たちを迎えて、従来見られなかった規模の大きな人物史の叢書として、「ミネルヴァ日本評伝選」の刊行を開始したい。

平成十五年（二〇〇三）九月

ミネルヴァ書房

《著者紹介》
中村知裕（なかむら・ともひろ）
1974年　福岡県生まれ
2004年　福岡大学大学院人文科学研究科史学専攻博士課程後期満期退学，博士（文学）
現　在　筑紫女学園中学校・高等学校教諭
主　著　『戦国期の交通と権力』高志書院，2023年。
「永禄・天正期九州の争乱と秋月種実」『古文書研究』95，2023年。
「島津氏の北上戦と家臣団——八代・高瀬・県を素材として」『日本歴史』911，2024年。

ミネルヴァ日本評伝選
龍造寺《りゅうぞうじ》 隆信《たかのぶ》
——軍事に通じ甚だ機敏——

2025年4月10日　初版第1刷発行　〈検印省略〉

定価はカバーに
表示しています

著　者　中　村　知　裕
発行者　杉　田　啓　三
印刷者　江　戸　孝　典

発行所　株式会社　ミネルヴァ書房
607-8494 京都市山科区日ノ岡堤谷町1
電話代表（075）581-5191
振替口座 01020-0-8076

共同印刷工業・新生製本

ISBN978-4-623-09917-7
Printed in Japan

人名索引

あ 行

か 行

さ　行

は　行

ま　行

や　行

ら　行

わ　行

地名索引

あ 行

か 行

ま　行

や　行

ら　行

わ　行